陈桂生教育学文稿

# 聚焦教育价值

JUJIAO JIAOYU JIAZHI

陈桂生 著

教育科学出版社
·北京·

责任编辑　刘　灿　李　茂
责任校对　曲凤玲
责任印制　曲凤玲

**图书在版编目（CIP）数据**

聚焦教育价值/陈桂生著. —北京:教育科学出版社,
2011.6(2013.7重印)
ISBN 978-7-5041-5683-9

Ⅰ.①聚… Ⅱ.①陈… Ⅲ.①教育工作—中国—文集
Ⅳ.①G52-53

中国版本图书馆 CIP 数据核字（2011）第038146号

| | | | |
|---|---|---|---|
| **出版发行** | 教育科学出版社 | | |
| **社　址** | 北京·朝阳区安慧北里安园甲9号 | **市场部电话** | 010-64989009 |
| **邮　编** | 100101 | **编辑部电话** | 010-64989527 |
| **传　真** | 010-64891796 | **网　址** | http://www.esph.com.cn |
| **经　销** | 各地新华书店 | | |
| **印　刷** | 北京东君印刷有限公司 | | |
| **开　本** | 168毫米×230毫米　16开 | **版　次** | 2011年6月第1版 |
| **印　张** | 13.5 | **印　次** | 2013年7月第3次印刷 |
| **字　数** | 150千 | **定　价** | 29.80元 |

# 目录
Contents

## Ⅱ 教与学的教养价值追求

## Ⅲ 变化中的教师伦理价值取向



## Ⅳ 早期教育的迷途与回归

# 序　学点教育学

“学点教育学”是本人自己的一点想法与打算。这本小册子与题为《聚焦学生角色——现今学生价值倾向问题》的另一本小册子，主要是近几年来重新学点教育学的习作。

本人原为中等师范学校和大学教育学系毕业生，算是科班出身。在半个多世纪中，也曾读过不少教育著作。为什么还会萌发学点教育学的念头呢?

教育学，自然并非单指《教育学》教科书。单就《教育学》教科书而言，本人一向和许许多多“遭遇”《教育学》的人们颇有同感。总觉得读这种书，多少有些收获，可收获不大。因为它既解决不了实际问题，又少有启发。不过，我是以平常心看待这个问题的。因为教育学同一般自然科学、社会科学有别。它是同对人格、教养、价值取向施加影响的教育实践相关的学问。它作为一种理论，同别的基础理论一样，如无普遍适用性，便不成其为理论。然而，任何实践，都是由不同人格、不同价值取向的人们，在特定时间、地点及其他实践条件下运作的活动。所以任何理论，其中包括实践理论，都有别于包医百病的处方。教育因涉及不同主体间文化、精神的交流，其中的实际问题，更非普遍适用的理论所能解决。

那么，学点教育学又有何用?比较地道一点的《教育学》，起码能提供分析教育问题的框架，增进对教育结构与功能的了解。如在集中人类教育经验与智慧的基础上，提炼出教育的常理常规，对教育活动合理地运作，或更有参考价值。自然，这只就比较地道一点的《教育学》而言。即使如此，仍得看实践者是否理解，如何运用。

有没有稍为地道一点的《教育学》呢？不讲别的，单就近来在瞿葆奎教授主持下，像发掘地下文物一般，重新整理、付梓的一套书中，就不乏这样的《教育学》。如孟宪承的《教育概论》、孟宪承与陈学恂的《教育通论》、舒新城的《教育通论》，以及吴俊升、王西征的《教育概论》，虽大都是中等师范学校的教科书，但其中概括了不少教育的常理常规。即使是其中的教育价值判断，一般说来，哪怕不算是超前，也不致比现今流行的所谓“教育理念”落后。本人鉴于以往接触这类著作的机会不多，这才要学点诸如此类的《教育学》。

如果说以往同许许多多遭遇《教育学》的人们一样，总觉得学习教育学用处不大，那么如今看看“教育圈”的世道人情，忽然察觉同“教育”若即若离的“学校教育”，似乎历历在目，对“教育学”似有所闻的教育专家是个什么样子，也依稀可辨。这才知道，“没有教育学的教育圈”到底是怎么一回事。于是，提醒自己：尽管早在十四年前，即已退而休之。正如老孟轲所说：“我无官守，我无言责也，则吾进退，岂不绰绰然有余裕哉？”（《孟子·公孙丑章句下》）

只是本人积习难改，又不会享受这绰绰然的余裕，也就少不得在这个圈子的边缘，继续唠叨。既唠叨，就有言责。为负言责，也就少不得学点教育学。否则岂不是成了拿教育说事，或为教育开偏方的写手么？多么无趣！

好在如今学点教育学，已经用不着应付考试了。主要是就别人开列的一批接一批的话题，尝试运用教育的常理常规加以解读。无非是让头脑中那么一点“教育学”，回到实践中，接受一点检验。也算是一种学习吧！

收入本书中的文稿，除了近年来的新作以外，还收入若干同教育价值倾向相关的旧作。如《教育实话》一书再版时，因更名《课程实话》，遂把初版中有关“早期教育”之作，预先留作本书备用。

是为序！

陈桂生

2010 年 8 月 10 日

# I　教育价值的缺失与寻求

“价值”这个名词有两种十分不同的意义。一方面它指珍视一种事物的态度，觉得事物本身有价值。价值就是丰富的或完全的经验的名称。在这个意义上，评价就是欣赏；但是，评价也指一种有特色的理智行为——一种比较的和判断的行动，估量事物的价值。……

对所有各种不同的经验的内在价值作出贡献，是决定许多科目的工具的价值和派生的价值的唯一标准。

——杜威：《民主主义与教育》

# 1. 中国教育的“10年代”寄语

“怀着感慨，怀着期待，我们迎来21世纪的新的十年”（《教育参考》杂志征文启事）。在这个世纪“10年代”之初，我们有何感慨，又有什么理由对于开始到来的“10年代”抱有殷切的期待？

作为教育理论工作者，尤其是像我这样主要在书本中讨生活的人，三句不离本行。感慨和期待大都离不开“理论”话题。

一

处在新世纪之初，很自然地会想到：当教育史卷翻到19世纪时，有一本《普通教育学》（1806）曾为近代教育奠定了理论基础。其中在论及“真正的教育”时，就论定“把学生的个性作为（教育的）出发点”。① 尽管这种教育的价值观念即使对于西方社会中的教育实践来说，也不免过于超前，尽管作者随后对他所谓“个性”作了解释，尽管这种理论本身还有待完善，不可否认，从那时起，在学校教育中，学生的个性（复数概念）毕竟越来越受到关注。而今，如果承认以学生个性为教育的出发点这个常识常理，若对照我国如今这种教育现实，循名责实，那就不由得不感慨系之。

当教育史卷翻到20世纪时，杜威的《儿童与课程》（1902）堪称现代课程理论的引领之作。其中在把“新教育”与“旧教育”加

①赫尔巴特．普通教育学［M］//普通教育学·教育学讲授纲要．李其龙，译．北京：人民教育出版社，1989：40－42．

以比较时，认定近代以来的“旧教育”（即所谓“传统教育”），把尚未成熟的儿童的兴趣与需要，看做是“尽快和尽可能要送走的东西”，即事实上并未把学生的个性作为教育的出发点；反之，“新教育”（指标榜“儿童中心主义”的“欧洲新学校”或美国“进步教育”）的危险，则在于“把儿童现在的能力和兴趣本身，看做是决定性的重要的东西”。① 即把未成年学生的个性理想化，也就是把应为教育起点的学生的个性，看成是教育的终点。这种针对“旧教育”与“新教育”的批评，早就得到了实践的验证。这不奇怪，按照这位作者的说法，“这种对立的观点是很少达到它们的逻辑的结论的”，因为“常识在这种结论的极端对立面前畏缩不前了”。②从那时起，又度过了一个世纪的光阴。再看看我们的教育实践，究竟在多大程度上以学生的个性为出发点，我们的理论家关于学生的个性和所谓“新教育”说了什么，能不感慨系之吗？

其实，本人此刻的感慨，更是由自己上述感慨引发的另一番感慨。因为上述感慨出于一直以来的思维定式。即总是自觉或不自觉地用别的国家在其历史条件下形成的价值判断，衡量我国特定历史条件下形成的教育状况。

这倒不是说那些外来的有价值的判断不值得参考。因为以学生个性为教育的起点是近代教育理应解决的课题；把“个性”理解为个体社会化过程中的差异，超越发展个性的教育价值观念，使教育成为学生个体社会化的过程，是现代教育理论的重要进展。问题是，我国的国情特殊。不论何等正当、何等明智的价值判断，要转化为我国的具体实践，并取得应有的成效，都少不得从我国特殊的国情出发。至少就本人来说，尽管早就懂得了这个道理，只是懂得这个道理是一回

①②杜威．儿童与课程［M］//学校与社会·明日之学校．赵祥麟，等，译．北京：人民教育出版社，1994：122－123，119．

事，是不是据以行事、看问题、发议论则是另外一回事。

要说我们全然无视国情，有失公允；要说我们完全照搬别国教育模式，也不见得符合事实。因为事实上我国每级、每类、每所学校，我国学校中的课程，我国教育管理体制与行为方式，毕竟同别国同类情况有别，它们之间共同或类似之处非常有限。因为中国毕竟是在中国社会文化土壤上做中国自己的事情。问题是，由于这种思维定式早已形成，以致习惯于用国际上较为通行的价值标准与行为规范，衡量在我国教育上已经发生或应当发生的事情，也就容易断定我国这种或那种教育举措不正规、失范、匪夷所思。这种判断或许不一定可靠，或许不一定可行。困难在于，无法否认或无需否认国际上较为通行的某些教育价值标准或行为规范的合理性，同时把别国教育价值判断作为教条，又很难行得通。

## 二

其实，如此困惑早就潜在于自己的意识中。只是面对21世纪“10年代”，解脱这种困惑，才成为迫切的期待。自然并非相信自己有解决这道难题的能耐，而只是对这个年代的期待。

究竟是一种什么力量促使自己萌生这种期待呢？

时至21世纪，回望我国20世纪教育演变的过程，面对如今这种教育现实，不能不相信我国经历近百年来、近六十年来的奋斗，特别是近三十年来的改革，教育事业已经发生了根本性质的变化。不仅初步解决了穷国办大教育的难题，而且各级各类学校的面貌也发生了程度不同的变化。至于我国教育何以能在不太长的时间里迅速改观，如果沿着西方发达国家教育演变的进程亦步亦趋，能不能获得如此成就，便成为值得研究的问题。这就是说，我国教育事业的成就必有内在的原因与自己的经验。

说到总结中国自己的教育经验，尽管在告别20世纪时，我国教育界曾经对那个世纪教育演变的进程有所回顾，尔后又有关于人民共和国教育60年与近三十年的研究，只是从中似还看不出我国教育演变过程的逻辑。在此期间，我国教育事业既然发生了历史性的飞跃，似乎就可以证明导致这种变化的那些决策与举措的成效。然而，导致这种变化的决策与举措究竟是什么，如何说明这种或那种决策与举措的合理性，恐怕仍属有待解决的问题。看来研究我国教育的历史进程，如果仍囿于西方人的视角，这个问题就很难得到合理的解决。

惟其如此，当21世纪“10年代”到来之际，设想在教育理论上如用中国人的眼光（主要是我们的价值追求与思维方式），以在我国发生的教育事实为依据，又不妄自尊大，而以国际上较为通行的教育价值标准为参照，梳理出我国教育的思路。这便是我的期待。

（原载《教育参考》2010年4月号）

# 2. 学生“个性”与发展个性的教育价值追求

如今，教育界有识之士都道是每一所学校要确立一种理念，才可望形成特色。于是，很快出现“办学理念”纷呈的景象。其中有些学校标榜以“培养个性”为目标，颇值得一议。

关于这种“理念”，所要说的是，把“培养个性”作为问题提出来，事出有因；然而，说到以“培养个性”为目标，不免发生几点疑问：(1）这种“目标”是不是低了一些？(2）学生个性是学校所能培养的么？(3）学校对于学生个性的形成所发生的都是正面的影响么？这些疑问似乎有点“怪”，因为有的疑问像是对前一疑问的疑问，故需对这些疑问加以申述。不妨先从没有疑问的问题（即提出这个目标的依据）谈起。

一

发展学生个性，可算是西方社会自18世纪以来的老生常谈。惟在中国虽也常议这个话题，谈来谈去，若问如今的孩子与成年人（他们无不是过去的孩子）“个性”如何，只要听听经常冒出的议论，便知端的。在各种群体中常有一种说法：“××很有个性。”这是什么意思呢？难道别人都没有个性么？有道是“没有两片相同的树叶”。连树叶尚有个性，何况号称“万物之灵”的人乎？只是由于群体中多数人的个性特征若明若暗，才使个别人的个性勃然凸现。时至现代，多数学生个性倾向性与心理特征不鲜明，能说不是问题么？

再问：当人们认定“××很有个性”时，是在赞扬他么？不见得。往往倒是一种贬义。这种现象的发生，或许由于这个人个性偏执，怪僻，有排他性，同群体共性格格不入；也可能某种个性并无排他性，而别人不宽容，排斥他。前者表明并非任何个性都值得肯定，后者表明存在压抑个性发展的可能性。事实上，我国至今多数学生个性特征不鲜明，证明阻碍个性发展的势力不可低估。可见有些学校以“培养个性”为职责，并非无的放矢。所不明白的是：任何“个性”都值得“培养”么？

说到这里，这个问题依然含糊不清，主要由于尚未对所谓“个性”加以界定。

## 二

“个性”一词有两种用法：在比较不同个人之间差异的语境中，它指的是“这个人”或“那个人”的特性，这是“个性”一词的单数用法；在同某种群体的共性对举的意义上，它所指的是一定群体中各个人的独立性，是这个词的复数用法。

那么，“个性”的心理内涵是什么呢？照《辞海》的解释，个性在心理学上指个人稳定的心理品质。它包括个性倾向性（如人的需要、动机、兴趣和信念等）和个性心理特征（如人的能力、气质和性格等）。这两方面的有机结合，使个性成为一个整体结构。只是英语国家的心理学一般不用“个性”一词，而采用“人格”概念，欧洲大陆国家的心理学则以“性格”代替“人格”概念，而以往俄国心理学采用“个性”概念，其含义为“人格”。故“个性”是“人格”的同义语。“个性”作为日常用语，大致与“性格”同义。

以上是从纯粹自然的心理品质的角度界定“个性”的。事实上人类个体都生活在社会之中，其个性是在一定环境影响下形成的。无论是从个体对现实的态度趋向与选择中体现的个性倾向性，还是从个体特定的行为方式中体现出来的个性心理特征，都带有一定的社会—文化内容。所以，现实的个人在个体社会化过程中，就可能显示出各个人社会化程度的差别。这便是社会学、社会心理学意义上的“个性”。

本来，心理学意义上的“个性”，是撇开某种心理倾向性与心理特征的社会—文化内容，单就人的自然本性而言的。它是中性的概念。精神疾病、情绪障碍、人格障碍之类心理不健康、心理疾病现象，固然不属道德评价的对象，而一般正常的心理状态，也不应受到褒贬。至于现实的“个性”，由于带有一定的社会意义，就不完全是中性概念。某种个性在个人的行为中表现出来，就可能受到褒贬。这也是正常现象。迄今为止，由于对心理学意义上的“个性”与社会学意义上的“个性”不加区分，遂常常发生压抑正常的个性和助长不良个性的倾向。

## 三

近代以来关于个性与教育的认识不是一成不变的。尽管我国现今的教育，其内涵远未超越近代教育，不过如果把关于个性与教育的认识停留在近代水平，那便是认错了时代。

1. 近代以来针对中世纪压抑人性的积弊，在教育中极力张扬人性，张扬人的自然本性，张扬独立个性，堪称教育中“人”的发现，“儿童”的发现。其中值得注意的是以下几点。

(1) 就在那时的所谓“个性”，在理论上通常采用的倒主要是“个性”一词的复数用法，指的是任何一个人特有的心理品质，而有别于“以自我为中心”的个性。这意味着在“个性”一词的用法中，已经包含了“平等”的观念。到了18世纪，启蒙思想家确立了“人人生而平等”的观念，在西方发达国家，尊重个性，逐渐蔚然成风。

（2）人的个性是在自由的环境中自然形成的。故合理的教育应“遵循自然”，即遵循儿童自然成长的秩序。于是有“消极教育”的提倡。所谓“消极教育”，指的是儿童在12岁以前，家长及教师着重排除妨碍儿童自由活动的障碍，而不积极指导儿童从事种种活动，但要防止儿童心灵沾染谬见和恶意。

（3）由此出发，又顺理成章地形成了关于儿童行为指导的起码准则。即儿童的行为只要不致造成对自身的伤害，或不妨碍别人行动的自由，家长或教师就没有理由干涉他的行为，从而使儿童有充分的自由发展他的个性；反之，儿童的行为若可能导致对自身的伤害，或妨碍别人行动的自由，那么对他的行为就得加以制止，甚至处罚。否则既对别人有失公平，又助长他任性。

2. 近代针对成人以社会的一般需要压抑儿童的需要，主张张扬“个性”。个性就其内涵来说，主要是指儿童的自然本性，这是心理学意义上的“个性”；到了现代，如上所述，人们越来越意识到现实的人都不是孤立的个体，而是社会中的人。现实的个性是在个体社会化过程中显示出来的人与人之间的区别。这就是社会学意义上的“个性”概念。不过，人的心理倾向性和心理特征早在出生后就逐步形成。按照心理学家艾里克森关于人生发展阶段的研究结果，未成年人个性形成的过程是：基本信任对基本不信任（0～1岁半）、自主性对羞怯（1岁半至3岁）、主动性对罪疚（3～6岁）、勤奋对自卑（6～12岁）、同一性对角色混乱（12～17岁）。人的气质有多血质、胆汁质、粘液质和抑郁质等不同类型。有的心理学家甚至认为人的气质与血型相关。所以尽管现实的个性心理品质具有一定社会性，而人的心理品质则是个性的基础。屠格涅夫说得好：“一个人的个性应该像岩石一样坚固。因为所有的东西都建筑在它上面。”（《前夜》）通常所谓“性格决定命运”，正是此理。故有些人因有独立的个性而成其大业，有些人则因执迷于自己的个性，失去自知之明，形成偏执的个性而处处碰壁，甚至贻误终生。

所以，每个人之间不仅存在个性差异，还存在在同处的社会环境中所形成的共性（社会性）；现实的个性本身也不免带有社会—文化内涵，而个人的社会性寓于个性之中，形成独立个性只是个人发展中的起步。这种起步虽离个人的完善尚远，它却可能决定个人的命运。

（原载《复旦教育论坛》2003 年第 2 期，原题《略论“培养个性”问题》）

# 3. 基础教育中的学生个性问题

基础教育可能对学生个性发生什么影响，以未成年的学生为对象的中小学怎样关注学生个性正常发展，促进学生个性健全发展，如何避免与克服压抑学生正常个性的倾向?

## 一

由于人的心理特性早在进入学校以前既已基本形成，并且难以改变，故这种个性并不是学校所能“培养”的。鉴于个人的心理品质是中性的，如各种气质类型的学生，性格内向型或外倾型的学生，其个性各有所长，又各有所短，故都该受到教师的理解与尊重；学校虽不能“培养”学生的个性，却可能压抑、摧残学生的个性。假如一个群体中连个人自然本性都不能受到尊重，甚至受到压制，这才是普遍缺乏个性问题的症结。在学生个性问题上，学校不烧香、少烧香，问题不大，如果作一点孽，那就太不应该了。由于烧香的功德可见，而作孽往往倒是在“关怀学生”的名义下所为，故人们毫不介意。为了防止压抑学生的个性，更重要的是珍惜学生的自尊心，使其能维护自己的独立个性。自重，而不把自己自然形成的个性，看成是缺陷、弱点。不过，有自尊心，自己尊重自己，足矣！如果以“自尊心”为借口，一味任性，以个人为中心，把个人意志强加于人，势必侵犯别人的自尊心。这种偏执的个性，若不受到必要的节制，将可能殃及其一生的命运。

## 二

由于现实的个性，不免带有或多或少的社会—文化内涵，并在个人行为中表现出来，因此成为社会行为，也就得受到人们按照习俗、道德、行政、法律等的标准、规范、规则作出的评价和干涉。在按公共标准、规范、规则和任务而行动的过程中，即在个体社会化过程中，形成了人的社会性。所以，学校不仅要尊重而不压抑学生的“个性”，还要培养学生的“社会性”。至于“社会性”是否会压抑“个性”，取决于同个人行为相关的各种标准、规范、规则以及任务本身是否正当，是否适度，它们到底给个人行动自由留下多大余地。如果各种统一要求限定在起码的水准上，而把超越一般水准的要求，看成是个人的事，由个人自主选择，鼓励而不是强制个人为自我完善而努力，即“自我实现”，那么，个人的“社会性”与“个性”并不相悖。所以，学校虽不能“打造”个性，但应当，也可能给学生创设宽松的环境与必要的条件，使个人得以表现和发展其个性。

## 三

正常的个性，不仅是和社会性协调的个性，而且是个人身心协调发展的个性，个人各种心理品质较为均衡、协调发展的个性。即通常所谓“和谐发展的个性”。这是由于个人所处的社会环境相当复杂，个人境遇难以料定，健全的个性比不健全的个性更有利于个体社会化。由于每个人的个性是在自己不知不觉中悄然形成的，个性一旦形成，个人受自身习惯的影响，不想改变，也难以改变。况且成长中的人往往缺乏自知之明，家长和教师的责任在于使孩子知道自己的个性，以便自觉地进行自我调节。所以说：“人贵有自知之明。”现在的问题是，鉴于中国人普遍缺乏鲜明的个性，故不少家庭和学校有志于按照成年人的意志“培养”（打造）孩子的个性。其结果可能见效，也可能适得其反。即可能发展儿童某种兴趣、特长，而不致使儿童的心理发展失去平衡，也可能因此人为地造成儿童片面，甚至畸形发展。这取决于这种“培养”是引导儿童自我调节、自我实现，还是强制性的打造。其实，单就儿童的个性形成来说，更需要的不是锦上添花，而是雪中送炭。即给予其自由发展的时间与空间，同时不允许他任性。这虽不一定是最好的办法，而确是风险较小的办法。

（原载《复旦教育论坛》2003 年第 2 期，原题《略论“培养个性”问题》）

# 4. “教育”价值观念在变化中

## ——《中国还有教育吗》平议

在2005年12月的《教育参考》杂志中蓦然见到国平兄的一个大问号：“中国还有教育吗?”也许由于自己如他所说，一向就是“云里雾里看教育”，所以不觉得这是一个问题。一旦出现一缕霞光，这才恍然大悟，方知教育话语中绕口的或不绕口的绕口令，是绕口令，不是教育；教育领域中的一地鸡毛，不见得是一地教育。不过，如果反问一句：“难道中国现在真的没有教育吗?”倒也难以反驳。因为如今中国大地上热闹非凡，气象万千。在“教育部门”管辖的这个领域，有说别人的话做自己的事（或别人的事）的聪明人和实干家，也有说自己的话做自己的事（或别人的事）的实干家和聪明人，不能一概而论。这就难怪像我这样的人，要“云里雾里看教育”了，盖因这个领域本身，既像云，又像雾。至于以十万八万大洋买来卖去的报刊版面上的“教育”，即以报道为名义的广告，以广告为名义的“谎告”中的“教育”，那就更加使人如坠五里雾中了。

要问中国真正意义上的教育，“有耶”“无耶”，那就得从“教育是什么”谈起。不过，说来话长，只得长话短说。

### 一

“教育”的本义是什么？起初有个说法：“以善先人者谓之教。”这就是说，谁比别人更善，他对别人的影响，就称之为“教育”。这还属环境影响。在正式的教育组织中，“教也者，长善而救其失者也”。西方“教育”一词的本义“引出”，才是其本义。所谓“出”，是指学生原有的善或失，“引”也不外是“长其善”而“救其失”。可见“教育”的本义同“善”相关，把影响落实在学生身上，才称得上“教育”。此道理真是简单之至：如果不是为了使人的品质与行为有所改善，又何须教育？我们通常说的“使人成人”或“学会做人”，便是这个道理。依此看来，一所学校，有特色也好，无甚特色也罢，如果忘记长这个或那个学生之善、救这个或那个学生之失，同“教育”其实并无多大干系。

然而，“教育”概念并不是一成不变的。在古代那种教育组织中，学生不仅识得许许多多的字，又写得一手好字，还把“四书”背得滚瓜烂熟，能够修身养性。也就是恪守“君为臣纲、父为子纲、夫为妻纲”之纲与“仁、义、礼、智、信”之常，形成那个时代的道德人格，也就算得上是“教育”了。只是到了近代，市场经济如潮涌，产业革命打破了小农经济时代恬静生活的美梦，传统教育不变也得变，即使它的尾巴再长，再使劲拖也拖不住，扼腕叹息，也是枉然。

在西方社会，这种变化早在16～17世纪就开始了。夸美纽斯、洛克著作中传达的，就是这种信号。到19世纪已经形成了一定的格局。这是一种什么样的变化呢？学校应当也只能顺应近代化的潮流，解放个性，使学生身心得到健全发展，而每个人发展自己的个性以不妨碍他人发展个性为限度。这就是个人起码的德性。这种近代意义上的“教育”，并未失去“教育”固有的“善”的内涵，只是它已不再局限于培养道德人格，而重在培养完善的人格，即健全的“个性”。用现在的话说，便是“以人为本”，“人的全面发展”。这是别人说过无数次的话，也是他们已经在做、还将要做的事。只是做得未必有说得那么多、那么好。

不过，这种近代意义上的“教育”，也不是一成不变的。时至20世纪，近代那种以“孤立的个人”为假设的“教育”观念发生了动摇。因为人类个体事实上都是社会中的人。其实，“个性”“个人身心发展”“道德人格”，原本是历史的范畴。它们本来就有一定的社会—文化内涵。而在急剧变化的现代社会中，“孤立的个人”实际上不存在。所谓“个性”，其实是不同个体在社会化过程中显示出来的区别，而现代意义的“教育”，实际上是有指导的个体社会化过程。它之所以仍称之为“教育”，也是由于它依然具有“善”的含义。只是现代教育之“善”的含义变化了。如果说古代善的人格指道德人格，近代讲求健全发展的人格，那么现代则以个体社会化程度（社会性）为健全人格的尺度。因为在生产和社会生活日趋社会化的过程中，在急剧变化的社会状态中，孤立的个人，独善其身的个人，即使身心健全发展，如不融于社会之中，也难以立足。

由此可见，历史形成的“教育”概念，其荦荦大者，至少有三义，即形成道德人格、使人健全发展和实现个体社会化。这样的三重含义，并不意味着以第二义取代第一义，或以第三义取代第二义与第一义。它们是以类似同心圆的关系共存于现代人的意识中。不过，事实上在第二义形成以后，第一义趋于淡化。同样，在第三义形成以后，第二义和第一义趋于淡化。这样，关于“现在到底是不是还有教育”，就可能有不同的回答。

至此，说的还是别人说过的话，也是别人已经在做、还将要做的事，同样存在做的没有说的多、说的好的情况。至于在近代以来的几个世纪中，我们中国人关于教育说了什么、做了什么，不少洋洋大作中已经谈得很多，这里只说说个人的见闻。

## 二

我幼时由于家贫，到13岁（1947年）才有机会进一位慈善家办的初级小学。在此以前，偶然得到过一本民国初年的小学国文课本第一册。尽管没有人要我学它，其中第一课至今倒还记得。全文是："学生入校，先生曰：汝来何事？学生曰：奉父母之命，来此读书。先生曰：善！人不读书，不能成人。"这短短一篇课文，就道出了我们20世纪初期还未忘记的几千年来教育的要义，这就是：奉父母之命上学，上学即读书，读书即为了成人。这也就是到那时为止，关于教育，我们是这么说、这么做的。至于现今我们说了什么，做了什么，做的和说的有什么相干，在国平的大作中，多有罗列。不过，智者千虑，或有一失。这篇大作实有不小的遗漏。这便是：据媒体报道，我国现今已有几百万幼儿和小学生在读经、背经。中国教育电视台第一频道（《第一观察》）还曾在2005年4月1日（这个日子选得恰到好处）开播过"读经吗"专题节目。据说从小读经、背经，善莫大焉。不仅可弘扬中华民族的国粹，培养道德人格，还有助于训练记忆力、"开发大脑"哩！真是一大发现！

明乎此，也就有把握回答国平的质疑了："中国的确还有教育，这不就是么！何况还有其他。"

（原载《教育参考》2006年2月号）

# 5. 教育的“家”在哪里

## ——《让教育回家》平议

《教育参考》杂志2009年第4期，载有凌龙华君的大作《让教育回家》，颇耐人寻味。不仅其中的见解发人深思，他所提出的问题更值得关注。在如今这种教育状况下，稍有良知的人、粗具教育常识的人、不打算犯低级错误的人，谁不想“让教育回家”呢？只是不明白在现今称做“教育”的这个部门，“教育”的“家”在哪里，同教育渐行渐远的原因何在。经作者这么一一指点，似乎有迹可循。不过，循着他所指引的方向，似乎还难摸到教育的“家门”。困惑之余，只得向识者求教了。

### 一

据说，现今有一个奇特的现象，即现代企业追求“企业文化”，而现代学校则追寻“学校经营”。说得明白一些，就是历来讲求绩效的大企业，如今趋向于超越“绩效主义”的局限，追求企业的文化。而在文化领域中的教育部门，反而漠视文化，热衷于管理，追求绩效，岂非咄咄怪事？足见学校已经游离了“教育”，也就有必要呼吁：“让教育回家！”至于现代企业是否真的离开了他们的老家，企业果真离家是否合理，自然同我们无干。

所谓“学校经营”，作者指的是“办学规模化”“管理全程化”“教学模式化”“考试频繁化”。不清楚的是，这些东西同企业的“管理”或“经营”，到底有多大关联，如今获得“管理”或“经营”绩效的中小学，在数十万所中小学中究竟占有多大比重。按照作者的逻辑，那些尚未达到现代“管理”或“经营”水平的学校，是不是倒留在“教育”这个“家”中呢？

顺便说说，如今那些不再受“绩效主义”束缚的企业，到底在数以百万计的企业中占有多大的比重？如果“企业文化”的追求，就连在企业中的普适性仍然有限，那么单拿索尼之类大企业说学校之事，理由似乎并不充分。

不管怎么说，参照企业管理，讲求“精细化管理”的学校，至少在中心城市还是到处可见的。关于这类学校的这种管理，作者敏锐地察觉：“齐刷刷站立的结果，是教师的个性不见了，个性的教师没有了。排排坐创造的奇迹，是只见座位不见面孔，只论名次不论学生。”说得多么生动，多么深刻。由此进一步推论，便是企业管理中的“木桶原理”在学校中的误用。“视人为物，是该原理导致‘误伤’的症结所在。”既然把事情说到这个份上，对作者的观点也就没法不赞成了。

问题在于如何改变这种不合理的局面！

## 二

据称：“教育必须要无为些，要从容些，要不在乎些。”其要义是：“重树‘百年树人’的价值取向，重建根于教育本质的评价体系。”这是一种什么样的教育价值取向与教育评价体系呢？

答案是：教育是“立人”的事业。教育要做的事，不是“弃短”，是“助长”，是“扬长”。教育要的是“这一个”的成长和“每一个”的实现。这是多么开明、多么合理的教育价值追求！

其实，建构如此教育价值体系与评价体系，何劳我们多操心？现代西方人的爷爷的爷爷辈，也许在比他们更早的时候，就萌生了这种价值观念。从卢梭虚构的“爱弥儿”成长过程中，不难发现这种价值观念的闪光，赫尔巴特、福禄培尔、斯宾塞还为实现这种教育价值观念提供了思想线索。在现代教育实践中，也还能隐约见到这种教育取向的影子。然而，到了爷爷那一辈，在传承他们的爷爷的遗产时，可就犯难了。因为在18～19世纪，能够讲求一点“这一个”或“那一个”孩子成长的学校，为数不多，事情还好办。到了20世纪，不得不考虑在学生越来越多的学校里，让“每一个”孩子都能实现自我，谁有这种能耐？再说，“人”固然不同于“物”，而“这一个人”又与“那一个人”不同。每一个人又不能完全脱离许许多多的个人而孤立地存在。这样一来，就很难避免出现“排排坐的奇迹”。对于有些学生来说，护短，不啻是对他的伤害。况且，学校中的“这一个”或“那一个”学生，总不能一辈子留在学校中发展个性，都得在毕业后散落到社会的汪洋大海之中。而社会中的各行各业，又何尝是专供学生张扬个性的地方？

教师也不能例外。在学校中，固然得尊重教师的个性。正如在开明社会中应当尊重每个公民的个性一样。由于学校属于公共教育机构（无论公立学校还是私立学校都是如此），它不是私生活的据点，故学校也不是放任教师张扬个性的地方。教师的业绩，用不着以其个性衡量。如果教师正常的个性受到压抑，或课业不堪负荷，那才成为问题。

在当今世界上，为“这一个”或“那一个”孩子成长、为“每一个”孩子实现的学校，不会没有，只是如此学校难以寻求。有如此价值追求，尚未做得地道的学校，或许不少。即使并无这种自觉追求的学校，只要不违背教育的常理、常规，不做出格的事情，人们也不致怀疑这种学校的“教育性质”。尽管学校管理还达不到大企业那种

“科学管理”“民主管理”的水平，人们也不致以为以客观的“规范管理”取代“家长制管理”，会把“教育”赶出学校。所以，在一般情况下，“让教育回家”，本不成为问题。

当学生不得不做没完没了的作业，爬没完没了的考试阶梯，当教师不得不用表演性的公开课，显示自己的能耐，当教师和学生不得不在此起彼伏、彼伏此起的检查、评比、竞赛、展示中发力，当学校膨胀到校长对本校哪怕只有5%的学生都无法辨认的规模，当学校不得不打造自己的形象和跟着政绩工程打转，当校长、教师不得不坦然地对学生和家长说谎，一句话，当人们都无可奈何地做些同“教育”本义无干的事情时，通常就容易想“家”。在这种状态下，“让教育回家”，才成为问题。不妨说，学校这个“家”疏远教育，或许更同教育行政管理、学校管理失范相关。

（原载《教育参考》2010年2月号）

# 6. 正视“没有教育思想”的教育

## ——《教育的移花接木》平议

《当代教育论坛》2008年8期发表张家的短作《教育的移花接木》道出了不少一般人心中所有、笔下鲜见的看法。其中所谓“木”，指的是称做“教育”的领域与称做“学校”的领域。所谓“花”，何所指？也许不便明说。好在大家心中有数，也就不用挑明。“移花接木”的教育到底算是怎么一回事呢？如果追求的是“教育”本身的正常运行，即使判断失当，举措失当，其错误或可归结为“教育思想错了”；但如果在称之为“教育”的领域，追求的是别的领域的目标，做的是别的领域分内的事情，那就表示没有“教育”的思想，表示并不介意“教育”本身是怎么一回事。这不成了“移花接木”么？尽管这是极而言之，不免失之尖刻，但也是此种教训深刻的缘故。值得考虑的是这种反常现象何以会发生。

### 一

所谓“没有教育思想”，或“教育的移花接木”，其中隐含着关于“教育是什么”的假设。且不说那是一种什么假设，不能不承认，“教育”概念不是一成不变的。在人类历史上，随着社会变迁和教育本身的变化，教育价值观念曾经几度发生带有根本性质的变化。新的教育的价值观念如转化为普遍的事实，进而成为共识，“教育”概念也就获得了新的内涵。

“教育”原是有别于“授业”（今称“教学”）的概念。在有别于“授业”的意义上，“以善先人者谓之教”（《荀子》），“教也者，长善而救其失者也”（《学记》），或为“引出”，即把内在的向善的倾向引为善良的人格。这便是“教育”的本义。教育的这种本义，至今仍未失效。时至近代，“教”也者依然是“长善救失”者也，只是适应发展独立人格（个性）的客观需要，赋予人格之“善”以新义，即不仅善良（道德之善），而且完善地发展，从而形成“身心和谐发展”“智德体全面发展”之类价值观念。到了现代，进一步发现，原先的教育价值观念，出于把个人看成是“孤立的个体”的假设，事实上在社会中“孤立的个体”并不存在。教育应是实现“个体社会化”的过程，这不仅由于人格是否善良、是否完善，是以一定社会标准衡量的，而且个人若缺乏起码的“社会性”，最终将难以在社会中立足。

随着教育价值观念的更新，相应地扩充了学校的功能。即学校不仅要促成学生自我实现（完善发展），还应有“道德社会化”“职业社会化”“政治社会化”之类的功能。

这种学校功能的划分，只表示学校功能复杂化，在理论上并不承认“教育”的本义以及它在近代的转义失效，因为现代学校仍在变革过程中。不过，由此也就滋生“学校应试化”“学校商业化”“学校政治化”的可能性，并且既然存在诸如此类的可能性，这类可能性在一定的条件下，也就转化为现实性。

在赖默对美国20世纪70年代学校功能调查的结果中，学校的功能依次为：①照管；②社会的角色选择；③灌输思想信仰；④教育。

所以，他的报告题为《学校已经死亡》（1972）。①

同一时期，根据肯·博尔丁调查的结果，学校的功能依次为：

---

①范斯科德·克拉夫特，哈斯. 美国教育基础——社会展望［M］. 北京师范大学外国教育研究所，译. 北京：教育科学出版社，1984：131.

①知识；②技能；③照管；④证书；⑤社会活动。

所以，他的报告题为《作为美国经济中可能是不健全的一部分的学校教育工业》（1972）。①

德国学者勒德尔把一批著名的社会学家以隐喻表示的学校功能归纳如下。②

学校像是社会机会的分配机构（舍尔斯基），像是调节劳动市场平衡的储备装置。

学校像是赞成社会不平等制度的合法机构（杨）。在社会统治阶层看来，作为各人能力差异的结果的这种不平等制度，似乎是合理合法的。

学校像是象征权力（布迪厄）和根据年长一代的经济利益驯化年轻一代的场所（马斯格雷夫）。

学校成了人才资本的投资（舒尔茨）。

学校成了以功绩换取社会地位的文化资本的积累（布迪厄）。

学校对弱者来说，则须学会慢慢放弃这类社会地位。

学校造就现代工业社会极端官僚化的组织所需要的专业人员。

学校让社会下层学会资本主义工业企业对雇员要求的伦理道德（鲍尔斯·金蒂斯）。

在日本，曾有“学校繁荣，教育衰败”一说。据称，随着“无目的的升学者”与“非本意就学者”增加，“学校繁荣了，但教育的前途未卜，多数人感到茫然”。③

以上提到的学者，多数并非教育学专业研究者，所论属一家之言。

---

①范斯科德·克拉夫特，哈斯．美国教育基础——社会展望［M］．北京师范大学外国教育研究所，译．北京：教育科学出版社，1984：131．

②瞿葆奎．教育学文集：教育与社会发展［G］．北京：人民教育出版社，1989：100-101．

③日本筑渡大学教育学研究会．现代教育学基础［M］．钟启泉，译．上海：上海教育出版社，1986：230．

值得注意的是，美国著名课程专家古得莱得，鉴于“很少有人付出努力把学校作为整体来研究”，曾主持了“学校教育研究”课程研究，对7个州13个社区中的38所中小学，进行较为全面的调查。其课题报告竟然题为《一个称作学校的地方》①，反映学校固有的“教育”功能弱化。

由此可见，教育的“移花接木”似乎并非一国特有的现象。问题是：这种现象的合理性如何？怎样全面地看待学校功能复杂化现象？

## 二

其实，在现代社会，各种社会组织因讲求社会效率，其功能都趋向复杂化，社会组织之间功能错位，成为相当普遍的现象。现代教育机构面对的情况，也与传统教育机构不同。中国古代士大夫的什么考据之学、义理之学、辞章之学与仕途经济之学，西方近代博雅教育之所以可行，主要由于那时正规的学校教育，主要以为数有限的有产者及其子弟为对象。随着教育业的发展，越来越庞大的教育规模难以维持，社会的教育需求日趋多元化，故学校不能不讲求社会效率。问题在于，学校的社会效率有别于其他社会组织的社会效率。

学校毕竟是教育机构，按照近代以来学校的传统，关于保持学校的“公共教育机构”性质、避免使校园成为官场或商场的起码规定性有以下两点。

1. 学校主要通过课程的实施教育学生。按照现代教育价值观念，课程兼有学生自我实现目标、人际关系目标、经济效率目标与公民责任目标，大致按照这种目标设计课程。校长、教师只承担实施课程的职责，学生只承担修习课程的职责。至于教师或学生“学校日”（上班时间）以外的时间，参与课程以外的活动，概由学生自主选择。

---

①古得莱得．一个称作学校的地方［M］．苏智欣，等，译．上海：华东师范大学出版社，2005：16－20.

2. 学校主要通过实施课程，对教育主管当局负责；教育主管当局无权干预学校内部教与学的事务，主要依法对学校课程实施及校务予以督察。

学校功能复杂化是否合理，作为“公共教育机构”的学校是否变质，以其实践是否符合上述规定而定。

## 三

关于“教育思想”，以上所述只说明“教育”概念变化的轨迹。时至当代，才越来越懂得，教育之所以作为专门的领域，主要出于社会需要（有别于官场需要）。学校如果成为社会中的孤岛，它将无法实现其应有的社会功能。然而学校如果弱化甚至丧失“教育”的特点，不具有教育的功能，它就没有存在的必要。

说到“教育思想”问题，如果不对教育的“思想”加以界定，那么对一定时期究竟有没有“教育思想”，依然难以断定。

“思想”，按照《辞海》的解释，是指思考、思虑。在这个意义上，任何人所思所虑只要是教育问题，也就是“教育思想”了。所以，于光远不但断言 1949 年以后“没有教育思想”，而且率先亮出“我的教育思想”，随后，当红人物纷纷跟进，各自宣称“我的教育思想”。这个“我”、那个“我”的教育思想，还辑成一帙，供大家分享。其实，在“思想”的一般意义上，普通教师，不管多么平凡，何尝没有自己的“教育思想”，只不过自忖人微言轻，缺乏喊出“我的教育思想”的胆量。

中国如今不但已经有了一般意义上的“教育思想”，而且有一批又一批的“教育家”横空出世。不信请看“中国教育家大会”隆重召开时，我们教育家一次、两次、三次（迄今为止）济济于人民大会堂。其实，这种盛会是开放性的。人们只要一有某种官衔学衔，二有胆子，三有大洋数千，都可以过一过“教育家瘾”。

话虽如此，对于《教育的移花接木》一文作者罗列的种种现象，如无法证明那是虚构的事实，也只得遗憾地承认，如今缺乏的，恐怕还是“教育的”思想与教育的“思想”，不过，本人所谓“教育思想”的有无只是中性的表达，无意议论此种现象的对错及其成因。

前面提到别的国家那些社会学家、经济学家对学校功能的调查，或相关诊断，有必要补充交代，他们把“学校功能”作为中性词使用时，只谈事实，不论对与错。至于社会学家中的冲突论者，分别从不同角度揭示学校功能现象，证明他们虽不是教育学家，倒有“教育的”思想，同我国鼓吹“学校产业化”的这个“家”、那个“家”颇异其趣。

别的领域的这家、那家，有没有“教育思想”，其实并无多大干系。因为教育毕竟不是他们的专业，他们无论以自己专业的眼光看教育，还是大胆说出教育的外行话，都情有可原。如果教育学专家也跟着呼叫什么“教育商品化”“教育市场化”“教育产业化”，那才证明“没有教育思想”已经到了“家”。

（原载《当代教育论坛》2008 年第 11 期）

# 7. 中国的“教育思想现象”

“你有教育思想吗?”假定有人提出这个问题，本人将毫不犹豫地回答:“没有!”因为压根儿没有想到过自己会有什么“教育思想”。即使去问一位真有建树的学者、教师，他们的回答或许也是如此。

一位教学经年的教师，或在玻璃窗前爬格子有素的学者，果真在没头脑地工作么?谁也不致承认。迄今为止，似乎只有一位学者挺身而出，赫然宣称:“我的教育思想!”这就是于光远。尽管他只不过是表述了一个明明白白的事实，这个事实的这样表述，在中国确乎不同凡响。

然而，我们也不那么容易承认别人有“教育思想”，除非他是权威。对于权威，我们历来倒不乏恭谨之忱。哪怕是名人抛下的一根鸡毛，也不妨当令箭使。

这种不轻易认同别人教育思想、只相信名人的教育思想，同时忌谈自己教育思想的现象，在西方人那里或许不可思议，在中国已经习以为常了。见怪不怪，安之若素，以致关于这种现象怎么束缚个人思想、怎样扼杀教育研究的思路，几乎很少议论，或许根本未去想它。——难道不该议一议、想一想么?

一

原来我们所谓“教育思想”是过于郑重的事。实际上系指独特的、完备的、绝对正确的、举国公认的教育思想体系。

是谁给“教育思想”概念添加这么沉重的限制呢?谁也没有。大抵是我们祖宗厚重的“大一统”的精神遗产使然。既然教育思想如此高峻、庄严，几人敢攀？谁敢冒认？

不过，也不尽然。如果对一位中国历史上的或者是中国以外的哪怕是三流四流的教育家，标上“某某教育思想”并不费力。道理不复杂。因为那些教育家并无分庭抗礼之嫌；然而，衡量“教育思想”的标准不一致，也成问题。

同中国历史上和国门以外教育思想家林立、教育思想流派纷呈相比，近半个多世纪以来，我国教育思想的天地，不免显得过于单调了。

在此期间，我国并非没有卓越的教育思想家，只是由于有关这些教育思想家的研究往往满足于证明其教育思想“符合”共同的教育思想，而忽视其独特的教育思想建树，遂使许多精辟的见解淹没在大一统的教育思想洪流之中。

## 二

涉及平凡人的教育思想，事情更为复杂。“心之官则思”。每个人都有头脑，也都有自己的思想。通常说“某人有思想”，不是说别人没有思想，而是说这个人善于思索，常有独到见解。中国不乏教育家，中国教育家不乏独到见解，够不上成名成家的小人物也不无教育之见。一旦涉及具体问题，人们大抵都能发一通议论，多少相信自己的议论有独到之处（官腔、套语不在此列），有时振振其词，声势也不算小。我们的谦虚毕竟有限，而对别人教育思想的谦虚更为有限。咱们头碰头，脚碰脚，站出来一般高。我算不上有教育思想，你也谈不上有什么教育思想。这种处世哲学恐怕也属祖宗的遗训。

在那“大树特树”一种教育思想的年代，仿佛一般人没有自己的教育思想。其实也不尽然。曾经有人发明“抓活思想”之术，倒是承认平凡人有思想的。只是提法尚欠考虑。什么是“活”思想，什么是“死”思想？难道用以抓“活”思想的那种思想是“死”思想么？且不管它。只是人们的“活”思想一旦被卷入“大批判”的旋涡，也就是撞到了枪口上，那就了不得了。哪怕是一个名不见经传的人物的言论，一旦被“抓”住，仿佛他倒有什么“论”、什么“论”，似乎已经形成一套成体系的“教育思想”了。当然，那是旧事。那个时代终究一去不复返了。

这，至少反映出我们的“教育思想研究”局限于双重使命：宣传和批判。其实，批判是另一种宣传，并且值得宣传与供批判的思想都得求全：“大而全”“小而全”，惟够得上这种资格的思想者毕竟有限，所以，对一般教育思想大抵是存而不论的。

## 三

这种情况与西方教育研究的传统有别。在西方人看来，柏拉图、赫尔巴特、杜威固然有教育思想，“亨利”“乔治”、对门阿二的妈妈也有自己的教育思想，他们的教育思想的价值虽然不同，但都可作为教育研究的对象。当然，在研究方法方面有许多讲究。

不妨略举数例。

1. 欲问：中国的教育目的是什么？自然而然的回答是“德智体全面发展”。然而这是成千上万热衷于片面追求升学率的人们的教育目的么？时下出入于形形色色的混圆混方班的人们，即同孔方兄、文凭兄打交道的人们没有他们的“教育目的”么？那些优秀教师心目中的教育目的就这么简单么？在以“应然”的（正式的）教育目的掩盖“实然”的教育目的（“教育目的”的事实状态）以后，我们的研究工作自然简单了。

杜威则不然。在他看来，成千上万的教师、家长都有他们的教育目的，并且只有这种目的才是真实的教育目的。虽然这些教育目的未必都值得鼓励，但唯有这样的目的才是实际上对教育过程起导向作用的目的。① 有理由指责杜威无视指令性的教育目的的必要性，但把研究的视线集中于教育目的的事实状态，有待探讨的问题就多了。即不但要探讨理想的教育目的（指导性的教育目的）、正式的教育目的（指令性的教育目的），而且需要考察教师领悟的教育目的、在教育过程中实际体现的教育目的，以及学生参与教育过程的目的，这比简单地解释正式的目的、批评不正确的目的复杂得多。

2. 欲问：中国中小学的课程如何，人们似乎只要翻一翻现行的课程计划，就可提供圆满的答案，而在西方的课程研究中，却有理想的课程、正式的课程、教师的领悟课程、教学中的体现课程，以及学生所经验的课程之分。② 究其实，也就是承认教育家、教师也有自己的课程思想，并且就连教师领悟的课程思想，也未必都作为事实存在于教学实践之中。

3. 在西方人的观念中，甚至教师也有自己的教育哲学。尽管粗浅的教育哲学与经严密的逻辑推理构成的教育哲学有别。粗浅的教育哲学虽不配作为长期教育计划的依据，但它往往能够适当解决具体的教育问题；反之，若无视教师的哪怕是粗浅的教育哲学，不研究教师的教育哲学转变的环节，再高明的教育哲学也不免明镜虚悬，难以观照具体实践。③

赫尔巴特的《普通教育学》在其开头就从教师的教育思想谈起："通过教育要想得到什么，教育要求达到什么目的，这是由人们对问题的见解决定的"，"大多数搞教育的人起初都忽视形成自己对这种工

---

①杜威．民主主义与教育［G］//杜威教育论著选．赵祥麟，王承绪，译．上海：华东师范大学出版社，1981：154，168－173.

②麦克尼尔．课程导论［M］．施良方，等，译．沈阳：辽宁教育出版社，1990：87－88.

③布鲁巴克．现代教育哲学［M］．党士豪，译．台北：台湾书局，1975：392.

作的见解；他们是在工作中逐渐产生这种见解的。他们的这种见解是由他们自身的特点以及学生的个性和所处的环境造成的”。① 照我们的说法，教师的教育目的意识是对统一的教育目的认同的结果。他的《普通教育学》原名是《从教育目的推论出来的普通教育学原理》，而照我们的想法，关于教育目的哪有那么多话好说。

## 四

如果说以往常常忽视教师的教育思想，那么最近若干年间，确有不少教师试图整理自己的教育思想，概括自己的教育经验，甚至尝试探索独特的教学模式；教育理论界也有总结教育家、先进教师的教育思想的研究成果问世，还有同实际工作者共同探索教学模式的尝试。不过，其成就不等。

要论不足之处，大抵有以下两点。

1. 所概括出来的，往往不是某个教育家或先进教师独到的教育经验与思想，而是大路货，祖宗的思想，别人的思想；即使是自己的总结，往往也难脱俗套。

有象征意义的是关于段力佩教育思想与经验的概括。段力佩于20世纪50年代末、60年代初力排众议，大胆地倡导教学改革，他的经验和见解颇令时人耳目一新。当时教育行政当局曾集合一批教育界人士，花了不少时间，总结以他为代表的上海市育才中学的经验，把他们的经验概括为“紧扣教材，边教边练，新旧联系，因材施教”。其中每个概念都不是新的，是人们熟知的教学规则或成语，其他学校或有些教师也是多多少少这样做的。这种常用的口诀化、口号化水平的总结，缺乏条件的分析与定量的分析，没有明确的层次与类型的区

①赫尔巴特．普通教育学·教育学讲授纲要［M］．李其龙，译．北京：人民教育出版社，1989：6.

分，没有把实际经验与新的构想形式化，反而把教育思想的新内涵淹没在旧口号之中。就是现在的教育家研究、教师研究也还没有超越这种水平多少。

2. 最近若干年间，出现了以某种特殊的教育概念把教育实践经验形式化的探索，不能不说是一个显著的进步。惟在国外，像这样的尝试一般只作为同类探索中的一种类型。如把它模式化，即作为普遍适用的单一模式，大抵也不成功；而在我国的这类宣传中，往往缺乏条件的分析，有意或无意把有条件的经验夸大为无条件的经验，推广的效果是不是全真，那就难说了。教育上不存在一成不变的模式，这是健全的常识。违背健全的常识或能耸动视听于一时，能否持久，等着瞧吧！

这不免又有求全责备之嫌，其实锋芒所向正在于“求全”：“大一统”“小一统”。或淹没了独特性，或把独特性夸大为一般性。总结经验，研究理论，除了受科学素养限制外，传统思想的影响实在不可小视。“大一统”的风韵不值得欣羡，对“小一统”也无须恋栈。不管教育研究的现状如何不尽如人意，重要的是承认普通人也有教育思想，普通人自认有自己的教育思想，人们开始相信自己在教育天地创造的潜力，终究是我国蕴藏在群众中的教育思想力量释放的标志。

# 8. 教育价值缺失的缘由

教育工作者尤其是中小学教师，一般不致怀疑自己尽心尽力所做的工作属于“教育工作”。只是最近若干年来，间或也有人循名责实，对于在称做“教育”的部门中是否还存在“教育”产生怀疑，或直指这个部门舍本逐末。面对这种质疑，信耶疑耶，便成为问题，也就少不得斟酌一番。

## 一

且从对中国现今教育状况的质疑谈起。

2005 年年底，吴国平君赫然提出：“中国还有教育吗?”依他所见，如今学校中应试训练的势头未减，把学生分成三六九等的培训班名目繁多。然而，在各种媒体上沸沸扬扬地传布的教育消息，称之为“教育理念”的林林总总的口号和堂而皇之的教育理论，倒像是“云里雾里看教育”。不免令人怀疑“中国还有教育吗?”。①

2008 年，署名张家的作者把如今大学参照官场规则、企业经营规则运作称之为“教育的移花接木”现象，即移官场、商场之“花”，接学校教育之“木”，反映大学本末倒置。②

2009 年，凌龙华君有感于近年来在学校中套用企业管理“理念”与规则，导致“教育走得太远，走得太急，以致忘记了出发的目的”，

①吴国平．中国还有教育吗［J］．教育参考，2005（12）：3.

②张家．教育的移花接木［J］．当代教育论坛，2008（8）：1.

甚至“停不下来回不了家”，从而呼吁“让教育回家”。①

其实，已故的商友敬兄早就对学校中的官场倾向、商场倾向和考场倾向多所指谪。至于一般教师对此类倾向倒也未必认同。只是像上述诸君那样从诸如此类现象中洞察“教育”内涵缺失的有识之士，尚不多见。

本人曾尝试分别对上述三篇大作加以评议，也不过是借题发挥而已。关于中国“教育”内涵缺失问题本身，仍有待进一步讨论。

## 二

“教育”概念的内涵是什么呢?

“教育”一词原始的，也是迄今仍然普遍认同的含义，是指“长善救失”的影响。这是“教育”的本义。惟教育概念既有一以贯之的内涵，其内涵又不是一成不变的。

教育内涵的演变是不是有轨迹可循呢？如果说长善救失的影响，是教育概念一以贯之的含义，那么在不同时代又因“善”的观念变化而导致“教育”内涵的变化。

简单说来，古代所谓“善”，一般是指善良，即作为道德基本范畴的善。在这个意义上，“长善救失”便成为“教育”的第一义。到了近代，随着时代的变迁，又经历文艺复兴与启蒙运动的洗礼，人性、个性（复数概念）、人权逐渐受到普遍关注，促成“善”的价值观念变化。随之而来的是教育价值观念的变化，一方面道德标准、行为规范趋向于合乎人性；另一方面按照时代的普遍需求，在教育上又从道德意义的“善”扩充为个性的完善，即身心健全发展。由此赋予教育以个性和谐发展的内涵，成为“教育”的第二义。

---

①凌龙华．让教育回家［J］．教育参考，2009（4）：46－47．

不过，到了现代才逐步意识到，这种个性完善的教育价值观念实出于“孤立的个人”的假设。事实上，无论在自然界还是人类社会中，孤立的个人都难以立足。因此，每个人在出生以后，都不可避免地要经历个体社会化的过程才能成“人”。个体社会化逐成为现代人“长善救失”的新内涵（其实历来如此，只是到了现代才获得这种自觉）。于是，“实现个体社会化”，便成为“教育”的第三义。

历史形成的“教育”内涵，不但是教育内涵的纵切面，而且是现代教育内涵的横断面。这就是说，善良、个性完善和个体社会化都属于现代教育题中应有之义。其中，善良不仅作为私德，而且成为公德；个性不只是一种心理特性，而是指各个人在个体社会化过程中显示出来的差异。

历史形成的教育内涵，可以成为判断教育内涵是否缺失的依据，但还不是做出这种判断的充分依据。因为随着“教育”概念外延的扩大以及实践条件方面的缘由，对“教育”一词还有约定俗成的用法。

## 三

任何概念不仅反映事物的本质属性（内涵），而且还指具有这种本质属性的事物（外延）。由于概念由语词表达，同一个语词指称的事物越多，似乎表示概念外延的扩大。语词指称的对象，如果名不副实，就意味着同一概念内涵的浅化或缺失。所以语词与其所表示的概念（内涵）是可能有出入的。

就教育概念来说，在教育实施与教育外延扩张的过程中，还存在两个约定俗成的教育概念。这就是“学校教育”意义上的教育概念与“教育事业”意义上的教育概念。惟其如此，一般人或不致对“教育”是否缺失发生疑问。所谓教育内涵的缺失，正是出于对“学校教育”与“教育事业”的追问。那么，在“教育事业”和“学校教育”

中为什么会存在教育内涵缺失问题呢？

1. 由于正规教育主要是在学校中实施的。问题在于，学校并非单纯的狭义“教育”机构。它本身属于“教学机构”。学校中的“教学”，既同狭义“教育”相关，又同“教育”有别，它们之间还可能发生抵触。故关于“教育”与“教学”两个概念之间区别与联系的认识，也可能影响对“教育”的判断。

谁都知道，学校属于“教育机构”。其实，确切地说，学校属于“教学机构”。因为每个人主要是在社会生活中形成个性、长善救失，并实现个体社会化。故即使没有受到学校教育，也能成人。然而，自从文字产生以后，只有在教学过程中才能掌握文字和系统知识，发展心智，成为有教养的人。是否在教养基础上形成个性、实现个体社会化，区别甚大。这样，“教学”就可能具有“教育的价值”。在这个意义上，可以认定学校为“教育机构”。即使如此，在学校中仍应实施有别于“教学”的狭义“教育”（如我国所谓“教育”工作），因为仍存在忽视“教育”的可能性。

如果学校中的教学趋于应试化，那么，这种教学将弱化，甚至丧失其教养的价值。在这种情况下，便发生“教育”内涵缺失问题。

2. “教育”内涵固然重要，但如果某种教育只使为数有限的人得益（如所谓“精英教育”），其内涵或许比较丰富，然而，它对社会发展与人类进步的意义毕竟有限。因此，社会发展的趋势是使越来越多的人有平等的受教育权利。以至到了近代，学校成为“公共教育机构”（无论公立学校还是私立学校都是如此），并且各级各类学校都得到长足的发展。这意味着“教育”外延的扩大。

任何概念的内涵都不是由人们随意派定的，而是从一定的客观事物中概括出来的这类事物的本质属性。同样，教育概念的内涵原是从实际上具有这种内涵的事物中概括出来的。按照概念内涵与外延的反比关系，一个概念的内涵愈多（定义的规定性多），其外延愈窄；反之，一个概念内涵的规定性愈少，这个概念涵盖的范围愈广。扩大了外延的所谓“教育”，必定是具有另一种含义的“教育”，这便是通常所谓“教育事业”一词中“教育”的含义。如果仍以狭义的“教育”衡量“教育事业”，便会觉得“教育事业”离谱，或“教育”内涵的缺失。

3. 教育事业的规模与发展速度越快，它占有的人力资源、物质资源和经费越多。由此，不仅需要吸收社会力量参与办学，并对越来越庞大的教育规模实行宏观控制、调节与规范管理，否则，还会出现教育效率问题。在教育管理体制不顺以及教育需求与供给矛盾较为尖锐的情况下，如果教育举措失当，便可能滋长学校准官场倾向、准企业倾向。尽管此类倾向仍有别于官场、商场，并且在不同性质、不同类别、不同级别学校中表现的程度不同，而它却是教育内涵缺失的最露骨的征兆。

## 四

同为教育工作者，有些人并不觉得自己所做的不是“教育”的工作，另有一些人却越来越为教育内涵的缺失感到不安与遗憾。这固然是由于在“教育事业”与“学校教育”意义上与在师生之间“直接影响过程”意义上，对“教育”的理解不同，更同人们教育理论修养与价值追求的差别相关。有道是：“横看成岭侧成峰，远近高低各不同。不识庐山真面目，只缘身在此山中。”（苏轼《题西林壁》）

由于学校准官场、准企业及应试化倾向，同按照教育活动本身运作的目标与逻辑颇有距离，遂成为教育内涵缺失的征兆。然而，这类运作既同教育事业的发展、教育效率提高相关，也与当事人的利益有涉，故能得到认可，甚至被认为是教育管理的创新。不过，由于这类倾向以及与此伴生的炒作现象，试图掩盖此类现象的宣传，不仅干扰正常的教育活动，甚至还为“反教育现象”张目，故理所当然地受到质疑，并激发对“教育”价值的追求。

尽管教育固有的性质与职能是很寻常的事情，然而，在教育事业规模与学校规模越来越大、教育事业高速发展、教育工作者动机复杂化的情势下，教育固有价值普遍实现，并非易事，不是单靠质疑、反思就能解决的问题。

（原载《北京大学教育评论》2010 年第 2 期）

# 9. 喜闻“无痕教育”的见识

在现代社会，几乎没有人不知道“什么是教育”。这是由于越来越多的人们，不仅受到过教育，而且在受了教育以后，还教育自己的孩子，又因关心自己的孩子而关心他们在学校中所受的教育。这么说来，“教育是什么”，好像就不成其为问题了。其实不然。因为除了当教师的人、管教育的人和研究教育的人，其余的人对教育的认识，大都属于“业余”的水平。即使是当教师、管理教师的人，亦有千万之众，自然参差不齐。所以，“教育”究竟是什么，恐怕是一个真问题。

为什么会发生这个疑问呢？今天刚刚喜读《教师月刊》创刊号。首先被其中的“优秀教师的核心品质”这个专题吸引。在这个专题中，5 位优秀教师自述的“核心品质”，就不尽相同。本人从中惊喜地发觉，张思明老师的自述，道出了“教育”的题中应有之义，从中可以体会实践中“教育”的真谛。

张思明如是说。

1. “我不是去教育你，我是把我所理解的东西说给你听，有时候我还故意给出一个错误的命题，让学生把我驳倒。”他是得到一位高明的导师启发。他的导师告诉他：“最好的老师是把学生托起来，而学生还以为是自己站得高呢。”这就是他所谓“不留痕迹的教育”。

关于人之所以需要教育，人们历来标榜的理由，也是无可辩驳的理由，是学生的成长和发展。按理每个人的成长和发展，主要靠他们自己的努力。这种努力是别人无法代替的。尽管个人的成长仍有赖于家长和老师的指导和帮助，而别人的指导和帮助是否有效，还取决于学生本人是否接受这种指导和帮助。然而，未成年的学生未必懂得这种简单的道理，也就是说，他们未必把个人的成长看成是自己的事情。其实，问题更在于，学校中通常所谓“教育”，倒是明示或暗示他们：他们的成长是社会和国家的事情，是家长和老师的事情，而他们不得不接受别人为他们安排的教育。

我小时候，偶然读到一本“共和国教科书”小学一年级“国文”课本。其中第一课的课文是，“学生入校，先生曰：汝来何事？学生曰：奉父母之命，来此读书。先生曰：善！人不读书，不能成人。”从那时起，到现在，多少年过去了，试看如今的学生，有多少人不是“奉父母之命”到学校读书的？何况如今读的这些“书”，要比将近一个世纪以前，不知沉重多少倍，复杂多少倍。这便是教师这个职业提供的服务，同各式各样职业的服务最大的区别所在。也是教师职业困难所在。

明乎此，也就不难明了，张老师的追求正在于使学生知道，教育（或者学习）是关乎他们自己成长和发展的事情，并使他们相信他们正在自己教育自己。

关于有意识地给出一个带有错误的命题，让学生把老师驳倒，徐特立在许多年以前，就提出过类似的设想。只是从来未闻有谁做过这种尝试。故张老师这样做，起码想到这样做，非常难得。张老师能够心甘情愿地在学生面前放低姿态，正由于他领略了“教育”的真谛。

优秀的教师可以对学生说“你很好”“你真棒”“你说得比老师好”，这没有太大的困难。而要学生相信这些善意的高评，那就不容易了。何况如果竟有学生真的相信这类廉价的奉承话，倒也未必是好事。相比之下，张老师刻意让学生相信他们自己的能力，实在高出一筹。

2. 关于如何做一个数学教师，张老师说，“首先要做的是用学科的魅力去感染学生”。学科的魅力何在？“你教给学生的不仅仅是数学知识，你还要教出数学知识背后的那些东西，那种理性的精神，那种对世界的客观态度。这就是数学可以给予人的一种文化素养。”不仅要学生懂得数学知识，“更要促进他作为一个人的发展”。

教师的本职是教学。学校中不以教学为基本任务的工作者，或许可以具有教师身份，列入教师编制，其工作或许比一般教师还重要，只是还称不上名副其实的教师。通常认为教师还应当是教育者，否则便贬之为“教书匠”。这也对。问题是对“教书匠”以及教师所应承担的“教育”职责如何理解。

在我国，几乎把“教育”（狭义）作为“德育”的同义语。这种对狭义“教育”的片面理解，容易模糊“教学”与“教育”的联系。把“教育”视为“教学”以外的事情，往往触发“教学”与“教育”的冲突。教师固然应当关心学生的品德，问题是，现代“教育”的内涵不局限于品德修养，品德修养又根植于一般文化教养。由于对“教育”的理解不同，在处理“教学”与“教育”的关系时，就存在两种不同的选择：一是把“教育”作为“教学”以外该做的事情（叫做“教育工作”），一是把“教育”作为“教学”本身应当实现的价值，即课程的教育价值。说到底，又牵扯到“教育是什么”的问题。

张老师作为数学教师，既注重数学知识的传授，又讲求使学生领悟数学中蕴涵的价值。其中理性精神、逻辑推理、对事物的客观判断，又超越数学学科而具有普遍价值。这便是发掘数学内在的教育性。这种教学便堪称“教育性教学”。

教师单以低姿态，还不足以使学生把教育（学习）看成他们自己的事情，让学科文化本身吸引学生，才是“教育性教学”的根本之途。

数学教学要求学生热爱数学，语文教学要求学生热爱语文。在教师看来，好像是理所当然的事情。焉知不致被学生视为“老王卖瓜，自卖自夸”？更重要的问题倒在于，要求所有学生热爱教师所教的学科，不仅事实上很难做到，而且无此必要。因为中小学实施的是“普通教育”。课程专家泰勒早就有见及此。张老师作为数学教师，并不要求他所教的学生都热爱数学，而是让他们都知道“数学有用”。证明他懂得“基础教育”是怎么一回事。他能超越“教书匠”和狭隘的专业观念，正由于他把握了“教育”的真谛。

张老师声称“要有教育的大视野”。他所谓“大视野”，其实是“教育”本身应有的视野。只是由于如今“教育”的视野越来越狭窄，这才显示其教育视野之大。他的自述引起我的兴趣，只是由于如今附加在“教育”上的名堂越来越多，我从他那里依稀见到了教育本色的还原。

（原载《教师月刊》2009年第3期，原题为《“教育”是什么？》）

# 10. 喜闻“无痕教育”的尝试

最近刚从张思明老师访谈记录中，知道“无痕教育”一说，又从《中国德育》杂志2009年第8期刊载的楼江红君的《让无痕德育走进课堂》一文中，知道一个“无痕德育”的案例。尽管不知“无痕教育”出自何典，单从不同地区出现同一教育趋向的提法，就感到异常兴奋，仿佛从风萧萧、雾茫茫中发现了一缕霞光。因为我们在鲜有实效的“德育”中消磨的时间与精力太多，在教育炒作的迷乱中困惑得实在太久了。

何谓“无痕教育”？实施“无痕教育”是否可能？提出这个问题和进行这种尝试的意义何在？且从楼君介绍的案例谈起。

## 一

据介绍，金华外国语学校的邵红老师，在讲授《思想品德》教科书中《享受学习》课文时，从一个小游戏导入。即先出示两块巧克力，请两个学生进行品尝巧克力比赛。比赛规则是，谁先把巧克力吃完，老师就把自己手中另外一块巧克力奖给谁。比赛结束，要两个参赛者回答巧克力味道如何。接着又请两个学生进行同样的比赛。比赛规则改为，谁先尝出它的真正味道，就把老师手中的巧克力奖给谁。同样，在比赛结束后，要他们回答巧克力味道如何。由于前后两次比赛规则不同，学生对巧克力味道的体验自然不同（如以学生难得吃到的食品代替巧克力，两种吃法的对比可能更加鲜明）。接着要学生回答，两组同学对巧克力味道的感受为什么不同？老师又以学生都体会得到的儿时游戏为例，说明游戏主要是享受游戏过程中的乐趣。经过如此铺垫，这才进入正题：学习不是为了考试，而是为了“享受学习”。尽管就连这篇课文本身，也不过是哄哄学生。因为为考试而学习，又何尝是出于学生的本意。如此繁重而又复杂的课文，又能给学生多少“享受学习”的机会？只是“享受学习”倒也是学生应当懂得的道理。

楼君的大作，妙在于介绍邵老师的案例之前，先提到一个哲学家上课的故事，作为对“无痕德育”的铺垫。故事是：一位哲学家，选在杂草丛生的荒地给其弟子上最后一课。他要弟子回答：如何铲除这些杂草？四个弟子作了不同的回答，或铲除，或火烧，或撒石灰，或挖根。老师未置可否，只是约弟子一年后仍在此地相聚。一年后，老师未到。弟子发现此地已经成为一片庄稼地。学生由此领悟到，铲除杂草的根本办法是种庄稼，进而引申为：要让灵魂无纷扰，唯一的办法是让美德占领灵魂。这个故事类似于我国禅者“论道不滞于迹象”，不依教义教学，唯求以心传心，诉诸体验，属“不传之传”。

套用如今习俗说法，这个哲学家上课的故事和邵老师的案例，都堪称“经典案例”。这两者的区别，在于后者为“道是无痕实有痕”。虎头无痕，蛇尾有迹是也。自然，故事出于假设，案例不免受实践条件限制。故能达到邵老师那样的水平，也就非常难得了。

## 二

所谓“无痕教育”，原是狭义“教育”题中应有之义。在我国，早就有另一种说法，叫做“以不教为教”。前一个“教”字，专指说教；后一个“教”字，是指“教育”（狭义）。这种说法，可以远溯到先秦时期。据庄子称，和孔子同时代的另一位设学授徒的“圣人”，叫做王骀。他“立不教，坐不议”，而弟子“虚而往，实而归”，“固有不言之教，无形而心成者邪”。（《庄子·德充符》）意思是，他不言而教，居然使弟子头脑空空而来，思想充实而去。这或许出于庄子的杜撰。由于这个故事贬抑孔子的意图非常明显，故一般只把它当做寓言看待。而这毕竟是两千多年以前的一种见识。不过，通常认为“以不教为教”是叶圣陶的说法。

值得注意的是，在一般情况下，狭义“教育”的含义，中西有别。西方著名教育家所谓的“教育”，是指有价值的影响，即善的影响。我国通常把“教育”作为一种影响人的“活动”。两者之别，犹如耕耘与收获的不同。前者重在强调没有收获的耕耘是无效的劳作，后者重在强调没有耕作何来收获。只是这个比喻并不完全恰当。因为耕耘与收获都有迹可循，而教育影响不见得都立竿见影。然而，是不是“教育”，当以学生是不是受到影响衡量，也才是合情合理的判断。

为什么要通过无痕迹的活动，即不摆出教育人的姿态，才更能发生有价值的影响呢？这是由于“教育”（狭义）有别于“教学”。教学旨在使学生掌握一定的基础知识技能。知识、技能之于学生成长的意义，学生或多或少是能够了解的。因为没有一个未成年人没有求知欲。至于简单灌输、机械训练和不堪承载的课业负担，因无视甚至扼杀学生的求知欲而引起厌学，那是另外一回事。教育涉及对学生价值观念的影响，学生是否受到某种“教育活动”的影响，既同他们的生活体验相关，又可能同他们原有的价值倾向发生冲突。如同他们的价值倾向冲突，就可能发生逆反心理的抗阻。学生即使认同“道德教育”中的种种道理，要使懂得的道理见诸行动，又可能同学生原先的行为习惯发生抵触。即使是成年人往往也不免如此。所以有效的教育活动，应避免灌输和强制，而成为“无痕教育”。

严格说来，“纪律”属于行为管理的范畴。在行为管理中，强制性、纪律与个人自由的适度平衡是必要的，而超越纪律与管理的“教育”，重在对学生的价值观念发生影响。

三

以上谈到的，还只是“无痕教育”的个案。至于普适性的“无痕教育”的设计，按理，凡是学过教育学的人，都该懂得。因为这是教育原理中核心的价值观念。连这种核心价值观念都似懂非懂，还谈什么教育学或教育原理？只是在这里，不适合细谈这种似乎高深的道理，只得简单地提示一下。

1. 在西方理论界，“美德可教吗”，从苏格拉底到杜威，一直是争议不休的问题，一直到现在都是。不过，在近代以前，尽管颇多分歧，而对于美德并非经由传授客观知识的教师去教，并无争议。这就预先排除了说教的必要性，并已成为教育的传统。其中就包含“无痕教育”意识。

2. 随着近代学校的兴起，作为“公共教育机构”的学校，既承担教学的职责，又承担教育（狭义）的职责，教师也就相应地承担这双重职责。只是并不把它们作为互不相关的两件事情，而是致力于探究它们之间的内在联系。这便是赫尔巴特提出的“教育性教学”和“通过教学进行教育”的构想。意思是：教师的基本任务就是教学，而教学本身必须具有教育性。那么，教学为什么具有教育性呢？因为通过教学可以培养学生多方面的兴趣，使学生系统地掌握基础知识和基本技能，成为有文化教养的人，也就是基于理性判断力而成为具有独立个性的人。这种教养，便成为学生德性的基础。按照这种学说，“教育”仍然是无痕的。

3. 在西方社会文化中，教育原先与宗教融于一体。到了近代，随着崇尚个性与理性成为风尚，宗教本身趋于道德化，进而实行教育与宗教分离，客观上需要建构与弘扬世俗道德。学校中的“道德课”以及“公民课”遂应运而生。“道德课”意味着从“无痕教育”变成“有痕教育”。不过，它只不过是课程体系中微不足道的补充。即使如此，由于西方素有“无痕教育”的传统，故“道德课”的有效性，经常受到质疑。其中最为突出的，便是杜威针对“直接的道德教学”，提出“间接的道德教育”新命题。所谓“间接的道德教育”，也就是“无痕教育”。至于“间接的道德教育”的总体构想，它同欧洲大陆“教育性教学”之间的联系与区别，它本身存在什么问题，也就不必讲下去了。

在中国，虽然早有“予不屑之教诲也者，是亦教诲之而已矣”（《孟子·告子下》）一说，早有“不言之教”（《庄子·德充符》）、“以善先人者谓之教”（《荀子·修身》）之类观念萌生，后来更有禅者“不立文字”“不传之传”“教外别传”之类大量语录和公案，但并未形成“无痕教育”的传统。与此相反，到了现代，却越来越追求“教育”的可见效果和附加在“教育活动”上的外在效果。个中缘由，在这里也无须赘言。

惟其如此，这才对新近发生的所谓“无痕教育”新芽，油然而生喜悦。倒是这种未必根植于教育理论中的新芽，恰恰证明，不管教育的道路何等曲折，只要具有探索精神，尊重事实，讲求实效，不为外在诱力所动，即使从教训中，也能重新回归教育的常理。

（原载《中国德育》2009 年第 11 期）

# 11. 话说“以不教为教”

“以不教为教”，为千古不朽的教育名言。问题在于，从字面上看来，“不教”与“教”正好相反。“不教”原是轻而易举之事，谁都做得到，为什么“不教”又会成为教育的价值追求呢？尽管千年以来人们对这个论断深信不疑，且越到后来，越珍视这个箴言，却甚少见到对这个似乎矛盾统一的命题作出合理的解释。其实，这是一个未解的深层次教育理论问题。

一

原来，在这个判断句中，“教”同“不教”之“教”，并不是一回事。因为中国古代单音词“教”，至少有两义，并有两种读音。一是平声的“教”（今第一声，音“交”），为动词，中性，相当于后来的双音词“教学”；一是去声的“教”（今第四声，音“较”），原为名词，属规范词，相当于后来的双音词“教育”（这里只就其狭义而言）。

依此看来，所谓“以不教为教”，意思是：不以教（音“交”）的方式（实指说教）而使人真正受到教育影响。如今看来，这个判断正是对大致同时代古希腊苏格拉底之类、哲学家之间“美德可教吗”争议的异曲同工的回答。① 不仅很有意思，而且是一个具有深远影响

①关于西方从古至今“美德可教吗”的争议，参见：陈桂生．西方历史上关于“美德可教吗”的议论［M］//中国德育问题．福州：福建教育出版社，2006：213－219．

的教育命题。

说到何以“以不教为教”，还得从这两“教”之别谈起。

“教学”与“教育”（狭义）原是相关而又有区别的两个概念。无论古今中外都是如此。因为这两个词指称的，是不同的对象。

“教学”之“教”，原为“教”（音“交”）弟子学。什么东西非教不可呢？自文字发生以后，因有传承文字及由书面语言所表达的间接经验的必要，才导致教学以至学校的出现。

本来意义的“教育”，则是指善的影响，主要是道德影响。所谓“影响”，指的是外部动因在人的心理与意识中发生的效应。这种效应有正负之分。唯有善的效应，才称之为“教育”。故“教育”为规范词。

“教育”与“教学”的区别，如赫尔巴特所说，在教学中总是有一个“第三者的东西”为师生同时专心注意的；相反，在教育中，“学生直接处在教师的心目中，作为教师必须对他产生直接影响的实体。”① 其中“第三者的东西”，主要是指作为教与学联结中介的教材，而教材正是文化传承的媒介。

惟其如此，教育与教学性质的区别在于：教学是外铄的，而教育是内发的。因为社会历史文化并非个人与生俱来的本性，个人只能从自身以外获得。所以教与学是一种文化传承的活动；真正意义的教育，则是把内在的心理倾向、价值倾向引向善的方向的过程。它是一种主体与客体交流中发生的影响。难道“教育”不也是一种道德传承的活动么？“教学”不是主体与客体在文化传承中发生的影响么？这是很久以后在教育与教学演变过程中才提出与解决的问题。

本来意义的“教育”观念是这样的：

①赫尔巴特．普通教育学·教育学讲授纲要［M］．李其龙，译．北京：人民教育出版社，1989：146．

1. “以善先人者谓之教。”（《荀子·修身》）意思是：一个人比他人更善，对他人便可能发生教育影响。这同这个人是否“教育者”无干。至于他人是否受到这种善行影响，则取决于其自我修养如何。所以，从根本上说来，教育是每个有教育需求的人自己的事情。

2. “教，上所施，下所效也。”（《说文解字》）上之所施，未必是所谓“教育措施”，但必须是善举。因属善举，便可能为下属所效。即荀子所谓如“影”随形，如“响”应声。这便是儒家的“教化”之说。也是“影响”一词的出典。同样表明，“教育”是就行为的结果对某种措施作出的判断。所以，教育的固有价值在于使人为善。

这既是教育的原始观念，也是迄今为止最能得到普遍认同的“教育价值”观念。至于随着教育事业的演进，不同时代教育价值观念在此基础上发生怎样的变化，那是另外的问题。① 如今间或出现“教育的‘家’在哪里”“教育的移花接木”（错位）“中国还有教育吗”之类疑问，正与此相关。

## 二

所谓“以不教为教”，是基于两“教”之别的模糊才发生的问题。这种意识早在中国先秦时代和西方古希腊时代就因教学组织的萌芽而发生。随着教学组织日趋结构化与制度化和“教育”价值观念的变化，它作为教育过程中有待解决的课题，才越来越受到关注。

在中国，最初出现的私学，作为教学组织的萌芽，教与学、修业与修身的界限并不分明。那种教学组织的活动，与其说是“教”，毋宁说是“学”，与其说是“修业”，毋宁说是“修身”。即事实上是“以不教为教”。如孔子所谓“不愤不启，不悱不发”（《论语·述而》）。

---

①陈桂生．普通教育学纲要［M］．上海：华东师范大学出版社，2009：7－11.

即使如此，时至战国时代，已经萌生接近“以不教为教”的自觉意识。如孟子所谓“教亦多术矣！予不屑之教诲也者，是亦教诲之而已矣！”（《孟子·告子章句下》）。“诲”者，晓教也。即明明白白地说教。

不可忽视的是，庄子所谓“不言之教”，把此意表达得更为明确。据称在孔子所处时代，同在鲁国，还有一位设学授徒的“圣人”，叫做王骀。“从之游者与夫子中分鲁”。即同孔子并驾齐驱，平分秋色。此公“立不教，坐不议”，而弟子“虚而往，实而归”，“固有不言之教，无形而心成者邪”。用如今的话说，便是“无痕教育”。惟其如此，就连孔子还“将以为师”。（《庄子·德充符》）即使后人认定这不过是杜撰的寓言，至少表明在这则寓言中，已经明确地表达了“不言而教”的价值观念。

这自然不足为怪。“以善先人者谓之教”“上所施，下所效也”，岂不都是“不言而教”么？或因孔门之学中，不无“言教”；或因战国时期已经察觉“说教”之弊，庄子才“杜撰”出比说教高明的“不言之教”（姑且这么一说）。所以，“以不教为教”是针对“言教”（说教）之于道德修养的意义有限，防止与克服以“教学”代“教育”的倾向，提出来的命题。旨在回归“教育”的本义，或者说追求“教育”的固有价值。

中国古代解决这个问题的办法，其实非常简单。这便是区分“言教”与“身教”“经师”与“人师”。由于“言教”和“经师”是为师的起码条件，故在实践上容易发生“经师”重于“人师”“言教”甚于“身教”的状况。惟其如此，在理论上才更推崇“人师”与“身教”。“人师重于经师”“身教重于言教”，此之谓也。只是“形势比人强”。问题在于，我国如今所谓“管教又管导”“教书又育人”之说，表明至今尚未超出自古以来有关“经师”与“人师”“言教”

与“身教”的认识水平。

## 三

尽管“以善先人者谓之教”的观念，至今仍未过时，仍是个体社会化过程中不可或缺的修身之道，然而它毕竟属于“教育”原始状形成的观念。随着教学组织正规化和教育价值取向的变化，简单的“言教”“身教”之分，“经师”“人师”之别，早就不足以解决导致“教育”弱化的复杂问题。

时至现代，不仅对“教学”与“教育”重新加以界定，而且发现现代“教学”与“教育”之间可能存在的内在联系。不过，在这里只能说，关于这方面的问题，本人在《西方历史上关于“美德可教吗”的议论》一文及有关“德育”与“教学”的论著中多有陈述，也就毋庸赘言了。

可喜的是，在我国教育杂志中，已经出现“让教育回‘家’”“无痕教育”之类议论，偶尔还可见到“无痕教育”尝试的报道。可见，哪里存在问题，那里就可望有解决问题的尝试出现。

# Ⅱ　教与学的教养价值追求

一些独特诱人的方法听起来头头是道，但在教学实践中却令人失望。教育者和决策者认识到，现实主义比夸夸其谈更有益。尽管这不如百般猎奇来得刺激。应该把教育作为复杂的问题来处理。

——拉塞克、维迪努：《从现在到2000年教育内容发展的全球展望》

# 1.“启发”的来龙去脉

在孔子的言论中，“启发”一说很能透露其教诲艺术的信息。只是这种教之、诲之的艺术，虽不难掌握，而在如今的教学实践中却很难行得通。其故安在？不妨一议。

孔子宣称：“不愤不启，不悱不发，举一隅不以三隅反，则不复也。”听起来像是针对弟子的“三不状态”（不愤不悱，举一隅不以三隅反），宣布教诲的“三不主义”。

这“三不主义”，看起来与后来卢梭倡导的“消极教育”，颇有异曲同工之妙。其积极意义倒也显而易见。因为他把“学”（或修身）看成是弟子的事情。弟子若要求得乃师“启”“发”“复”，自己就得从不愤到愤，从不悱到悱，从举一隅不以三隅反到举一反三。

那么，老师该怎样促成弟子发生这种转化呢？其实，这在孔子所处时代是一个“伪问题”。这种提法已经落入今人把学生“包下来”思维的俗套。在孔子所处时代，这不是他要解决的问题。只能说他平时对弟子的教导，或许间接有助于弟子发生这种转化。

人道“启发”是孔子教诲的基本原则。果真如此，那就对《论语》中孔子对其弟子何以发表那些言论，很难逐一解释了。怎能证明什么言论因什么“愤”才启，什么言论因什么“悱”而发呢？“原则”也者，无非是今人似乎代替孔子建构“教育思想体系”而采用的说法而已。

其实，“不愤不启，不悱不发”，不仅孔子如此，在他同时代别的什么“子”，什么“家”，也都做得到。就是如今的凡夫俗子，做起来也容易之至。只要不是“唠叨”之辈，照这样去做，有何难哉？

问题是教学情境今非昔比。在我们这个时代，早就不允许教师这样做了。譬如，一个班级有45个学生，教师即使明知对某一课文有5个学生“愤”不出来，有10个学生“悱”不出来，有15个学生举一而不反三，还不得不“启”而又启，“发”而再发，没完没了地“复”下去。否则他们承担的教学任务怎能完成呢?

这样一来，新的难题就发生了。

1. 上课，或课业，岂不是成为主要是教师的事情了?

2. 如果教师不得不不愤而启，不悱而发，那么所“启”所“发”，又怎能成为“有效的教学”?

3. 治本的办法或许是由教师促进学生发生从不愤到愤、从不悱到悱的转化。然而教师做得到么?有什么条件足以保证教师做得到呢?

4. 由于无法治本，何妨治标。这就是用分数、考试、评比、竞赛、奖励、惩罚之类外在手段，促进学生去“学”，使其不得不学。然而这些饮鸩止渴的手段，只能促使学生上了这些“鸩”的瘾，也就更加不把敬德、修业看成是自己的事情。

鉴于这种状况愈演愈烈，如果把这种复杂问题简单化，势必更加促成对孔子“启发”艺术的向往。何况从民国初年开始，就把所谓“启发式教学”，作为同“注入式教学”针锋相对的概念（有“废止注入式”一说)。尽管那时所谓“启发式”只不过是向孔老先生借用“启”“发”两个单词，以便拉孔子这面大旗作虎皮，而同其原意并不相干。只是这么一来，也就把退路堵死了。谁不行“启发”之道，难道打算奉行“注入式”么?以致从那时起，教师讲解就蒙上了“注入式”阴影。就连讲课的教师本人也觉得理亏。问题是，在现代，有哪所学校允许教师“跟孔子学当老师”，实行“不愤不启、不悱不发”呢?

谓予不信，不妨试一试。

（原载《民办教育新观察》2009年第1期）

# 2. “因材施教”的来龙去脉

谈到孔子之教，宋儒道其“因材施教”。如：“孔子教人，各因其材。有以政事入者，有以言语入者，有以德行入者。”（程颐《伊川先生语五》）此说似乎既持之有故，又言之成理。以致从那时起，耳熟能详，以迄于今。其实，人们无休无止地重复这句箴言，更由于依此施教，至今仍属教育中心向往之，而不能至的难题。于是，不免发生困惑：两千多年以前孔子早就做到的事情，如今成千上万的教师却很难做得到，岂非咄咄怪事？尤其到了近代，此说重复不下千遍万遍，至今仍未见起色，其故安在？看来对这个流传将近千载的古训，实有澄清的必要。

一

所谓“因材施教”，其中“材”何所指，“教”是指怎么一回事？虽然说起来人人都晓得，若不加分辨，简单地望文生义，实际上解决不了施教中的实际问题。因为在一种情况下，“因材施教”简直是轻而易举的事情，而在另一种情况下，它便成为百思不得其解的难题。盖因“因材施教”语境中“材”指称的对象有别，“教”的性质与含义不同，因什么“材”施什么“教”，情况较为复杂，也就不能一概而论。

通常把“因材施教”语境中的“材”，理解为人材，即不同的弟子。若把它理解为如程颐提到的政事、言语、德行之类的“专才”，那就成为另外一回事。同样，汉语中的单音词“教”，有两种读法，表示两种不同的含义。平声（今第一声）的“教”（音“交”），为中性词，今称“教学”，即教弟子学；去声（今第四声）的“教”（音“较”），为规范词，为“教育”之教。两“教”之间有功能的区别。它们既可相通，又可能发生抵触。我国至今仍常发“教书（学）”与“育人（教育）”“管教（学）”与“管导（教育）”之类议论，说的便是这两“教”之别，以及它们之间经常发生的抵触。

## 二

孔子“因材施教”是怎么一回事呢？

《论语》中记载了一个典型案例。子路问：“听到一番道理，该不该立即见诸行动？”（“闻斯行诸”）孔子答：“如父兄健在，那么是不是依此行事，总该先向父兄请教。怎么能不向父兄请教就贸然行动呢？”给他泼了一瓢冷水；接着冉求提出同样问题，孔子干脆回答：“了解道理，就该见诸行动。”给他鼓足了一把劲。公西华对孔子的回答或冷或热困惑不解，不禁问道：“你为什么对同一个问题作两种不同的回答？”孔子的答复倒也干脆：“求也退，故进之；由（子路）也兼人，故退之。”（《论语·先进》）

由此可见，孔子因材施教，着重针对弟子不同的个性特点（心理倾向），予以适当指导。如此施教，有别于知识的传授，属于行为指导。

从表面上看来，“求也退”“由也兼人”，属于个性问题。其实，他们在日常行为中显示出个性差异，实隐含着他们意识倾向性的区别，反映各自不同的价值追求。

例如，冉求曾对孔子说：“我并非不喜欢夫子之道，我没有按照你讲的道理去做，是因为我的能力有限。”这可算是“求也退”的旁证。孔子针对他的这种倾向，一针见血地指出，你所谓“能力有限”，不过是托词。其实，你早就给自己的行为确定了界限，并不打算超越既定的界限，争取更大的进步（《论语·雍也》）。可见，“求也退”，不仅是缺乏进取心的表现，更由于他的价值追求同乃师的期望有一定的距离。

“由也兼人”是什么意思呢？“兼人”，或作“胜人”解。即过于自信，好胜，喜欢自作主张，行动果断（“由也果”——《论语·雍也》）。这种个性不无可取之处，只是“子路有闻，未之能行，唯恐有闻”（《论语·公冶长》）。这“唯恐有闻”，大有文章。或许是回避夫子之道的托词。“故退之”。

子路的个性虽不同于冉求，然而涉及对所闻夫子之道的态度，他们实际上相反相成，都坚持自己原有立场，并同夫子之道尚有差距。他们之间的差别只在于冉求态度圆活，表示“非不悦夫子之道”，而子路不仅“唯恐有闻”，有时甚至还同乃师顶嘴，直说“子之迂也！”（《论语·子路》）。所以，孔子对弟子的行为指导中，实包含着对他们的价值倾向性施加影响。在这个意义上，可以把这种“因材施教”，归入“教育”（狭义）范畴。

谈到“因材施教”，还有一说，有待澄清。由于《论语》在“子曰：从我于陈、蔡者，皆不及门也”一章之后，有艳称“十哲”的十个弟子专长的记载。即德行：颜渊、闵子骞、冉伯牛、仲弓；言语：宰我、子贡；政事：冉有、季路；文学：子游、子夏（《论语·先进》）。后人遂据以附会出孔子“设科授徒”一说，进而赋“因材施教”以培养弟子专长的含义（如前引程颐之见）。且不说此章所记在《论语》诸早期文本中多有出入，把诸弟子按其专长标为“四科”，说成是孔子“设科授徒”，实有倒果为因之嫌。其实，在《论语》中，鲜有“设科授徒”的暗示，其中可见的概括，则是“子以四教：文、行、忠、信”（《论语·述而》）。不过，孔子确实希望了解弟子的志趣与专长，还算尊重他们的价值选择，只是因势利导而已。

"因材施教"果有"设科授徒"一义，那么，如今的职业教育、大学的专业，岂不是成了更为地道的"因材施教"？

## 三

长期以来，人们关注"因材施教"，不无原因。这是由于教育既然以学生为对象，而各个学生才具不同，品性有别。每个学生或有所长，或有所短，故"教也者，长善而救其失者也"(《礼记·学记》)。教育如果不能长学生之善，救学生之失，岂不落空？就这个或那个学生来说，如果未能从教育中长其善，救其失，同未受教育又有多大差别？可见，"因材施教"比较接近教育的常识常理。

问题在于，"因材施教"语境中"材"与"教"都是变数，加之使其得以实现的环境、条件差别甚大，故"因材施教"既可能非常困难，也可能简单之至。

在个别施教的情境中，单就学生行为指导而论，可以说谁都能够"因材施教"。任何一个家长，如果连"'子'也进，故退之；'女'也退，故进之"这样简单的道理都不懂，还配为子女的监护人么？教师更是如此。即使就教学而论，在个别授课的时代，教师只要打算"因材施教"，倒也不难做到。

在以学生群体为对象的教育情境中，情况大不一样。在如今这种"一师多生"的情况下，一个教师面对众多学生，对他们的行为逐个加以指导，而又使其行为得以改善，谈何容易？何况在"一生多师"的格局中，对同一个学生行为指导的责任又不甚分明，也就难以问责。至于班级授课，实际上是以因"教材"施教为基础。即使因"人材"施教的尝试，也只是因"教材"施教的补充。不仅实际上不能不如此，即使从学生成材着想，共同必修的基础教育课程也有必要。因为任何学生都不是社会中孤立的个体。所有未成年的学生的

“个体社会化”，都需要接受作为社会成员所必不可少的普通教育。

“因材施教”之类经典案例或箴言，萌生于社会需求与人生需求较为单纯、教育机会有限、教育情境简单的古代。如果说此类案例或箴言（不限于“因材施教”）在那种时代曾经行之有效，那么在如今这种社会需求与人生需求多样而多变、教育规模庞大、教育结构日趋复杂的时代，如试图仍以此类案例或箴言为解决施教的良方，不啻是以不变应多变。若以此为“想当然”的依据，而回避对“材”“教”以及环境、条件的具体分析、切实研究，说不定反而误事。

那么，在现实状况下，我们的教育举措如何使各不相同的学生的潜在能力得以发挥，使其各尽其材、各展其长呢？其实，这个问题并不很复杂。单就基础教育来说，按照现时代教育的常理常规，宜对“学校日”（在校时间与上课时间）加以控制，并使基础教育中的必修课程，保持在社会必要和以学生平均水平为基准（即多数学生经过努力可以达到的标准）的限度以内。从而使学生有足够的自主支配的时间与空间。这无论对于像子路那样的学生，还是像冉求那样的学生，以及比他们更为优秀或者不及他们的学生，都较为公平。因为学生是否成材，归根到底是他们自己以及他们监护人的事情。按照现代教育价值观念，学校作为“公共教育机构”，对社会承担的“教育义务”有限。如实施“英才教育”，势必成为更多学生的负担和社会的混乱。

不过，这只是在“因材施教”问题上就事论事而已。因课业负担长期居高不下，学生缺乏自主活动的机会，还另有与此无干的缘由。

（原载《民办教育新观察》2010年第5期）

# 3. 话说“教养”

教养，在汉语中是一个日常用语，为“教育培养”的意思。如嵇康自称“今但愿守陋巷，教养子孙”（《与山巨源绝交书》）。亦指文化品德方面的修养。惟在德国及俄国教育学中，“教养”（德语 Bildung，俄语 образование）则同“教育”（狭义）、“教学”同为教育学的基本概念，有其特定含义。如果不了解这个词的原义，那就很难恰切地解读这些国家的教育与教育学。由于汉语“教养”一词同 Bildung 或 образование 并不完全对应，采用这个译词，也就不免造成对这类教育学的阅读障碍。不仅如此，把“教养”作为教育学的基本概念，实际上代表一种教育价值取向，故有必要对“教养”概念加以辨析。

## 一

据我国最近翻译出版的俄国学者弗·弗·克拉耶夫斯基《教育学原理》（2003 年俄文版）一书称，在《俄罗斯联邦教育法》中，至今仍把 образование、воспитание 与 обучение 三个词“构成统一体”。这三个词，按照凯洛夫《教育学》（1948 年俄文版）中文译法，分别为“教养”（或教育）、“教育”（或培养）与“教学”。表明俄国教育学的这三个基本概念，至今未变。其中 воспитание，是指狭义“教育”。不过，据克拉耶夫斯基称，“至今学者们对这三个范畴并不存在统一的和同义的理解”①。说明即使在现今俄国教育理论界，教育诸概念（主要是“教养”与狭义“教育”）的单义性也成为问题。

至于把这三个基本概念，主要是 образование 和 воспитание，译成中文，受我国用语习惯的影响，困难更大。如俄文 среднее общее образование，直译为“中等普通教养”，而我国同类学校通称“普通中等教育”。又如原先把 воспитание 译为“教育”（狭义），比较符合俄文原义，如今在翻译《教育学原理》时，间或把它译为“德育”，同俄文原义便有出入。因为俄文中“德育”原词为 нравственное воспитание。本人虽然不识俄文，由于以往在大学学习教育学时，受到过先师萧承慎教授的指点。后来逐步意识到，这不只是教育用语和概念问题，而事关由这三个基本概念构成的一种教育理论体系，反映出德—俄教育价值取向与别的社会—文化中教育价值取向的区别。为什么这样说呢？且从“教养”一词的含义谈起。

## 二

俄国教育学脱胎于德国教育学。在德国教育学中，“教养”的含义，据《德汉学校教育学小词典》解释，“教养这个词，仅指教育的一部分。其中只涉及下一代应当获得的内容与技巧方面。这是学校承担的教育方面的任务”（按：这里所谓“教育”，是指广义“教育”，非指“教育”一词的狭义），“学校的这种任务，往往同实质教育的概念相联系。知识与技巧被视为学生受职业训练所需要的实质的东西。知识与教养被等同起来了。这就是教学计划不断扩展或各种新学

①克拉耶夫斯基．教育学原理［M］．张男星，曲程，等，译．北京：教育科学出版社，2007：19．

科不断被引入各类学校的原因”。[1] 此种解释，已经羼入现代学者的“教养”观念。

其实，教养并不等同于知识、技能与熟练技巧，而是指学生应当掌握的知识、技能与熟练技巧。这里的关键词是“掌握”或“获得”。未被掌握（或获得）的知识、技能与熟练技巧，不能算是“教养”。“教养”也不专指“职业教养”。在普通教育学校中，学生应当获得的，是“普通教养”。

凯洛夫《教育学》（1948 年俄文版）称：“所谓教养，是指掌握知识、技能、熟练技巧体系而言，并且在这个基础上，发展学生底认识能力，形成他们科学世界观，养成他们在自己的行动中为共产主义社会福利而贡献其知识的崇高情感和志向。”[2] 其中所谓“发展学生底认识能力，形成他们科学世界观……”是指狭义“教育”。狭义“教育”的含义比严格意义的“道德教育”宽泛得多。

这种解释，似有“教养”与“教育”（狭义）混淆之嫌。其实不然。其中关键的句子，是“在这个基础上”。这就是说，“教养”本义在于掌握知识、技能、熟练技巧体系。由于在学校中教养是通过“教学”实现的，按照赫尔巴特确立的“教育性教学”的原则，单纯传授知识、技能、熟练技巧的教学，是缺乏“教育价值”的教学。唯有“教育性教学”，才具有教育的价值。而“教养”则是学生获得教育的基础。在“教养”基础上教育，这就是近代理性的自律的教育（其中包括道德教育）价值取向，也就是传统教育学核心的价值观念。

学生要受到“教育”的影响，即发展认识能力，形成科学的世界

①哈同，李其龙，等. 德汉学校教育学小词典［M］. 上海：华东师范大学出版社，1990：75－76.

②凯洛夫. 教育学［M］. 沈颖，等，译. 北京：人民教育出版社，1953：15.

观，养成在自己的行动中为社会福利而贡献其知识的高尚情感与志向，固然有赖于获得初等与中等的普通教养，然而，获得这种教养，是一个较长时期的过程，而平时陆续掌握的这种或那种知识，这种或那种技能，未必就能对他们的德性和世界观发生多大的影响。所以，在教学以外，还要辅以学生行为管理与指导。这种“指导”，或为“训育”（德），或为“教育”（狭义）（俄）。这只是就传统教育学而言。

## 三

在英语国家，间或也用“教养”一词。它们同我国一样，属于日常用语，而非教育学的基本概念。如今，在德语国家、俄语国家也间或使用“课程”一词，似还未超出日常用语的水平。这是由于德国、俄国之类国家历史形成的“教养理论”与“教学理论”，大致相当于英语国家形成中的“课程理论”。也只是大致对应而已。

在欧洲大陆若干国家，“教养”之所以成为教育学的关键词，是由于按照这些国家的社会—文化传统，学校旨在造就“有教养的等级”。现代“课程理论”则同传统的“教养—教学理论”大异其趣。因为英语国家的“课程”，实际上是指“学程”，至少表示向“学程”演变的趋向。正如《牛津英语词典》解释：“课程（curriculum）复数是 curricula（拉丁语中其意与 course，career 相同），它意指一种学程，一种常规的学习和培训的学程，主要实施场所为学校或大学。”① 相对说来，传统的“教养—教学理论”着重解决的是“教程”问题。本文所用的“传统”一词，是这个词的中性用法。但不否认在国际范围内，在课程改革中，正在出现从“教程”向“学程”转化的趋势。

①埃利斯．课程理论及其实践案例［M］．张文军，译．北京：教育科学出版社，2005：7.

我国在教育现代化进程中，虽然多数教育词语，属于国际通用的词语，而我国这类译词所表示的概念，与别国并不完全相同。例如，我国把欧洲大陆国家的“普通教养”“综合技术教养”“职业教养”“初等教养”“中等教养”之类词组中的“教养”一词，都改译为“教育”。是由于他们关注的，是学生获得的是什么级别、什么类型的教养，而我们关注的，是对学生进行什么级别、什么类别的教育。又如，我国很久以来就兼用欧洲大陆国家的“教学话语系统”与英语国家的“课程话语系统”，而在我国，这两类话语系统所表示的“概念”，都同“教程”相关。现行基础教育课程改革，才堪称从“教程”向“学程”转化的历史性变革的开端。

（原载《全球教育展望》2008 年第 4 期）

# 4. 喜闻教学的“教养”见识

《教师月刊》创刊号“优秀教师的核心品质”栏目中，载有访谈5位教师的记录，读了很受启发。受到什么启发呢？作为教育学教师，三句不离本行。只是一向主要从书本上了解教育学，张思明老师的自述帮助我了解实践中“教育”的真谛，从张思明和华应龙老师的自述中，又进一步了解实践中“教养”的含义是什么。且从他们的自述谈起。

一

北京第二实验小学华应龙如是说：

> 作为数学教师，你必须借助数学这个通道，引导学生去感悟世界的奥秘，而不仅仅是数学知识本身。数学的好玩，学数学的有趣，也就在这里。我没有停留在数学知识上，而是展现了整个数学文化，展现了我对数学的理解。
>
> 你是带着你所了解的数学世界走进学生的，而不只是一种数学教材。这样你才会感到数学教学的生动与多样，学生的数学学习、数学思考也才可能丰富多彩。

北京大学附属中学张思明也是数学教师，他如是说，“数学教育工作者首先要做的是用学科的魅力去感染学生”。

> 你教给学生的不仅仅是数学知识，你还要教出数学知识背后的那些东西，那种理性的精神，那种对世界的客观态度。这就是

数学可以给予人的一种文化素养。

如何解读这两位老师的这种数学课程价值取向和探索尝试呢?

数学教学如果按照教科书传授数学知识及技能，依照我国通常的“教学”观念，没有理由指其不是“数学教学”。不过，在把“教养”作为教学的核心价值的社会—文化中，便可断定，简单地传授基本知识与技能的教学，不见得具有“教养价值”。

所谓“教养”，简单的解释，是指学生掌握某种学科的基本知识与技能。其中的关键词，一是“掌握”，一是“知识与技能”。我以往就是参照德国和俄国的教育辞典及教科书这么解释的。其实，按照张老师和华老师的理解，学生如果只是机械地学习数学知识和技能（或许也算是“掌握”这些知识与技能），并不表示他们已经获得了“数学文化”，成为其“教养”的组成部分。于此可见，这两位老师实际上已经自觉或不自觉地以“教养”和“教育性教学”为其教学的价值取向。

按照这两位老师的看法，数学教学是否是具有“教养价值”，首先取决于教师是不是走近了数学世界，是不是掌握了数学文化，是不是具有“把学生带进数学世界”的自觉。

“数学文化”，并不是在数学知识以外的东西，而是蕴涵在数学知识中的价值。即蕴涵在有关变化中的量与量之间的相互制约关系和图形间相互变换的知识中的价值。正如张老师所说，是指“数学知识背后的那些东西，那种理性的精神，那种对世界的客观态度”。

学生如果从数学课程中获得“数学文化”，并依此类推，从物理、化学、生物之类课程中，获得经验科学文化，便可能对外部世界形成理性的判断力。加上从语文、历史、地理之类课程中，形成人文教养与社会教养，便成为具有“普通教养”的人。这种普通教养，是独立个性和社会人格的最为可靠的基础。

把学生带进“数学世界”，并不意味着把所教的学生，都培养成为未来数学家的苗子。张老师说得好：不要求所有学生都热爱数学，但让学生都知道数学有用。此说证明这位老师算是具有我国教育界普遍缺乏的“普通教养”意识。

二

借助于这门或那门课程，引导学生去感悟世界的奥秘，将是一个很长的探索过程。关于这两位老师如何带着自己所了解的“数学世界”走近学生，在简短的访谈中并未具体介绍。这是可以理解的。我虽然没有机会做中小学教师，但曾经作为学生，倒从有些老师那里或多或少领受学科文化。

记得在学习高中代数时，有一天，景子拔老师提出一个似乎非常简单的问题，要我们回答。题目是：1 和 0 的数值之差是多少？全班同学异口同声回答：1。老师反问：再想一想，你们的回答对么？我们还没有理解老师为什么会提出这样一个“怪问题”。老师只得又问：“难道数值中只有整数么?”我们这才醒悟过来。原来在 0 和 1 之间，还存在从 0.1 到 0.9，在 0.01 与 0.1 之间又存在从 0.01 到 0.09……可见，在 0 与 1 之间的距离非常遥远，证明我们尽管从小学起，就学过小数知识，曾经做对数不清的小数练习题，其实并未真正建立小数观念。经过老师这么轻轻一点化，这才舔破这层窗户纸，觉得妙不可言。

又如，在学习初中物理时，刘子平老师讲到水在零下 4 度结成冰，加温到 100 度时化为蒸汽。他接着顺便引申一下：可见固体、液体、气体都不是一成不变的。水的这种变化，显示出事物在一定条件下质与量互变的辩证法。

三

这么一说，好像把问题扯远了。其实，在欧洲大陆社会—文化中，这原是教师都该懂得的普普通通的道理和应有的教学价值追求。即把学生培养成为有文化教养的人。

如果说得明白一些，这正是凯洛夫《教育学》中的基本思想。其实，凯洛夫《教育学》不过是一个贴上“苏维埃”标签的欧洲大陆传统“教育学文化”中的一个不够完善的文本。这个文本虽早已失效，而这种文化在那种社会—文化中，至今仍未必过时。以至在某些国度，至今仍间或有人以此种文化傲视世界。

说起凯洛夫《教育学》，我们对它岂止不陌生，至今似乎还常常见到它的影子。然而，记得我国还在发这种热的时候，我的老师萧承慎教授就曾对我说，别看现在大讲苏联教育学的人虽然很多，其实，讲教育学的先生，不见得都懂得他们所讲的教育学。据我当时体会，这句话的意思，实际上是，在他看来，我国真正读懂这个文本的教授，其实屈指可数。其中的关键问题，正在于没有弄懂这种教育学中渗透的是欧洲大陆传统文化中的“教养”价值观念。

欧洲大陆社会—文化中的教育学，有三个基本概念。即“教育”(广义、狭义)、“教养”和“教学”。在英语国家中，“教养”并非专业术语。在我国，曾经用汉字“教养”翻译德语 Bildung、俄语 образование 一词，但亦未把它作为专业术语。

这倒不只是一个语词的翻译和用语习惯问题。因为在未成年人教育趋于大众化的情势下，公立学校的目标，不宜局限于培养“有教养的等级”，但仍有必要关注普通公民的教养。由此也就产生许多值得研究的新课题。我国半个世纪以来的情况更加特殊。故实践中凯洛夫《教育学》残留的影子和人们的印象，只是简单地灌输书本知识。所以，在我国虽有必要解决本土发生的问题，并没有理由把我们的问题归咎于什么教育学。在我国教育决策中，何尝把教育学当着一回事！

说到这里，自然不宜把这个话题扯得更远。以上所述，无非是表达一种感受：读了这两篇短短的访谈记录，实在感到意外。由于自己孤陋寡闻，也就想不到居然会有这样的老师、这样的见地和这样的价值追求。也就不免为灰蒙蒙的教育舆论迷雾中透露的这一丝丝亮色，感到喜悦。如此而已。

# 5. 何谓“教学法”

假如教师不懂教学法，那教学将是怎样的情形？如果教师懂得教学法，教学又将是什么情况？——提出如此设问，像是在兜售“教学法”。其实，本人并没有发明什么牌号的“教学法”，手上也没有什么货色需要兜售。只是提出问题，请老师们自己去考虑。

这位或那位老师是不是懂得教学法，他们自己心中有数。如果他不懂教学法，而教学效果很好，并成为高级教师、特级教师，是不是表示教学法无用呢？这就得看那是什么“教学效果”。如果他的教学效果主要表现为学生分数高、升学率高，那还不足以证明教学法无用。如果他的教学效果“真好”，能不能证明教学法无用呢？还得看其教学实践是不是违背教学法。因为是不是懂得教学法是一回事，其实践是不是符合教学法，则是另一回事。如果他只是没有违背教学法，而教学效果“真好”，那也说得过去，因为教学法不是万应灵药。它固然对教学成效有影响，而教学成效还取决于教师的人格和努力程度。教学法如被教师自觉地、恰当地运用才可望有效。

说到这里，只是一堆“如果”，也就是一个又一个假设的问题。至于事实情况如何，自然用不着我来回答，因为老师们比我更清楚。不过，我也不是无端地提出这些问题。无非是在听课中、在参与备课中、在评课中有感而发。这些感想，说穿了，就是教学法离我们的教学已经渐行渐远了。

拿感想说事，自然不可靠，重要的是看普遍的事实情况如何。事实究竟如何呢？追根究底，尽管如今教师继续教育、教师培训如火如荼，而从有关报道和“课题研究成果”看来，其中似乎难觅“教学法”的影子。“根子”如此，茎叶可知！至于这种存在的合理性或不合理性，还得进一步考虑。这种考虑又得从“教学法是什么”说起。

“教学法”是什么？本人既没有发明过什么“教学法”，也非教学法研究者，这个问题还用得着本人来回答么？只是既然提到它，也就回避不了。

教学法原是学科名称。据唐钺、朱经农、高觉敷主编的《教育大辞书》解释：“凡是依据实验而得之原理，以教儿童学习各种学科之方法，谓之‘各科教学法’，或‘教学法各论’。而讨论教学上一般的原则，为各科教学所共通适用者，谓之‘教学法概论’，或‘教学法通论’。”① 这个解释不错，但有必要补充说明。

1. “教学法”一词，原为“教授法”。由于陶行知倡议把“教授”改称“教学”，这才把它改称“教学法”，只是换个语言符号，并不表示事实就自然而然地随之变化。它事实上仍是教授法，涉及教师如何“教”的问题。

2. “教学法”之“法”，容易被误解为教学的“方法”。其实，它指的是教学的“法则”。“依据实验而得之原理”“教学上一般的原则”，此之谓也。

所谓“法则”，原有“自然法则”与“当然法则”之分。“自然法则”即规律；“当然法则”即“原则”，是指作为价值观念凝结用以指导实践的原则。后来，把“法则”作为“规律”的同义语，才把“当然法则”改称为“原则”。它们之间的区别在于，“规律”是隐含在已经发生的事实中的诸种现象的必然的联系；“原则”则是自觉地变革已经存在的事实的实践价值取向。以往有些教育学教科书把

①唐钺，朱经农，高觉敷. 教育大辞书［M］. 台北：台湾商务印书馆，1974：1068.

“原则”说成是“规律”，那是出于对“原则”与“规律”的误解。

3.“教学法”脱胎于“教学艺术”。所谓“教学艺术”，其中的“艺术”，是同“自然”对举的概念。相对于自然发生的事物，艺术是指对自然事物人为加工改造的系列动作。不过，对自然发生的事物进行人为加工、改造的系列动作，又有机械的（刻板的）手工技艺与艺术之别。“艺术”专指在原则指导下的实践，又称为“自由艺术”。

综上所说，“教学法”的研究对象是“教学艺术”；“教学艺术”即“教学的当然法则”；“教学的当然法则”即“教学的原则—规则体系”。17 世纪经夸美纽斯概括的，是称之为“教学艺术”的有关教师如何教学生学的一套原则—规则体系；19 世纪第斯多惠称之为“教学法”的，是更带民主色彩的教学原则—规则体系。明乎此，那就不难了解，我国如今纷纷应市的各种品牌的“教学法”到底是正品还是赝品了。

（原载《全球教育展望》2008 年第 4 期，有改动）

# 6. 教学法同教学渐行渐远的缘由

如今，教学法同教学渐行渐远。在我国中小学尤其如此。个中缘由，似值得考虑。

## 一

曾经行之有效的教学法，到如今几乎鲜为人知。这是什么缘故？

如今，教学法同教师的教学渐行渐远，并非无由。

1. 教学法原先作为教学的“当然法则”指导实践，后来，随着科学潮流的涌动，“教学艺术”“教学的当然法则”，都显得客观依据不足，从而出现研究教学的“自然法则”的尝试。不过，前辈学者的头脑倒还不致简单到只承认“自然法则”，否认“当然法则”。从此形成教学法研究的科学取向与实践取向（价值取向）分途。

2. 随着教育研究的进展，教学法本身也发生了分化，这就是“普通教学法”与“分科教学法”的分野。

普通教学法在形成过程中，首先遭遇“教育学”的挑战。“教育学”原本是“教育”之学，与“普通教学法”并行。其中并无“教学理论”部分。19 世纪初，赫尔巴特率先在《普通教育学》中建构“教学理论”。教育学中的教学理论越丰富，越显得“普通教学法”缺乏理论深度，最终以作为独立学科领域的“教学论”取代“普通教学法”，而剩下的“分科教学法”，由于缺乏教学一般法则的内涵，而成为处理教材的“方法”。其学术声誉可想而知。

3. “分科教学法”得以长期存在，也不无原因。因为“方法”

是同“内容”对举的概念。按照杜威的说法，方法是处理材料的方式。所谓不同的方法，其实是在不同的处理材料（内容）方式的比较中形成的抽象的概念。事实上任何方法与内容都是同一活动的两个不可分割的方面。例如，在数学中，由于小数、分数与整数不同，几何图形与四则运算不同，教法也就随之不同。语文课程中说话、写字、阅读、作文各有特点，自然课程、社会课程的教材又有别于数学、语文教材，也就得根据不同教材的特点，采取不同的教法。这正是“分科教学法”得以存在的理由。相比之下，教育学、教学论、课程论的那些“教学方法”即使确有根据（即撇开杜撰的“教学方法”），因游离于具体教材，也就不足以解决教学实践中对具体教材如何处理的问题。唯其如此，分科教学法的生命力也就不在教育学之下。问题在于，分科教学法的核心内容，是在同中小学每节课程中一系列具体教材的联系中构成的，也就不免给人们留下“小儿科”的印象。以致难登“教育科学”“教育理论”的大雅之堂。

4. 尽管分科教学法比其他教育学科同中小学课程的联系更为密切，然而它比其他教育学科更不适宜于作为教师职前教育的课程。因为这类学生心目中并不存在具体教材处理的难题。对这些学生开设这种课程，不啻是无的放矢，而且有碍这门课程的声誉。而这种课程在教师职后教育中，倒像是“及时雨”。

## 二

其实，教学法命运多舛，还另有深层的缘故。

分科教学法，根植于学科课程。其命运也就同学科课程编制联系在一起。尽管迄今为止，即使是教育发达国家，学科课程仍是课程编制的主要类型。然而这种课程编制的局限性，早从进入20世纪开始，就已经充分暴露出来。它也就受到了挑战。人们遂在学科课程之外，另辟蹊径，导致多种课程编制的出现，如经验课程、核心课程等。相应地出现如基尔帕特里克的“设计方法”、沃什伯恩的“文纳特卡计划”、莫里森的“单元教材精习制”等风靡一时的新建树。如果说教学法原是“教授法”，那么这些新尝试所要解决的，则是学生如何在教师辅导下学习问题，并且“教材”观念也同以往的“教科书”或多或少有区别。不过，这并未妨碍我国学者仍以“教学法”的眼光看待这类新尝试，把它们称之为“设计教学法”“文纳特卡教学法”“莫里森教学法”。由于即使在发生这类“新教育”尝试的国度，仍以学科课程为课程编制的主要类型，故这些新尝试的命运也只能是昙花一现。然而正由于这些新建树已经打开了人们的眼界，学科课程连同本来意义的教学法，也就更加显得逊色。

一个世纪以来，既然学科课程未废，也就证明教学法的生命并未终结。只是由于其学术声誉不高，教学法终究式微。尽管教学法的命运如此，正由于学科课程的地位并未从根本上动摇，以致就连进步教育盛行一时的美国，教学法在中小学，尤其是中学仍有相当影响。美国课程专家古得莱得在“学校教育研究”课题报告《一个称作学校的地方》中提到，小学教师一直在用一些不能使所有学生真正参加学习的教学和分班的方法。“因为教师本人对他们所受的培训的认识，证明他们具备应有的知识，所以我们可以假定问题出在教学法上，而不是教师的学术背景上。”不过，教学法本身也存在问题，“教学法中只有某些方面是可以各专业通用的，其他的要根据不同科目的特点而定……需要更加重视学生是怎样学习的，以及学习科目是怎样组成的才能填补这一缺陷”，“不管怎样，对具体学习科目的教学法的兴趣始终集中在中学教育阶段，不是小学教育”。[①] 这种看法还是比较到位

①古得莱得. 一个称作学校的地方［M］. 苏智欣，等，译. 上海：华东师范大学出版社，2005：196－197.

的。教学法同“不同科目的特点”相关，是其长；其中缺乏“各专业通用”的法则，是其短。取长补短之要，在于“更加重视学生是怎样学习的，以及学习科目是怎样组成的”，即以学习心理研究与课程研究弥补教学法的缺陷。

（原载《全球教育展望》2007 年第 4 期，有改动）

# 7. 教学法在中国的命运

近半个多世纪以来，我国对教学法的了解，得益于苏维埃俄国的教学法研究成果。俄国在20世纪20年代，曾经在欧洲“新学校”和美国进步教育影响下，进行大规模的改革。其激情与规模曾使西方学者望尘莫及。从1931年开始，急流勇退，迅速转向，近代以来的传统教育以超强的力度全方位反弹，在重建学科课程过程中，重新建构教学法。

以往教学法之于教师，实非同寻常。由于实行国定课程体制，“教学大纲就是法律”，学校和教师无权更动课程与教材，主要在教学法上下工夫，旨在使法定的课程转化为学生的教养。为此，在学校中建立“教学研究组织”（简称教研组），在教育行政机构中建立“教学研究室”。“教研组（室）”的主要职能，为“教学法研究”。时至1970年，俄国干脆把教研组更名为“教学法小组”。在学校中，还以“教学法委员会”取代教务会议，实际上实行教师教学自治。可见教学法在那里的命运特佳。

教学法在中国的命运如何呢？

我国在20世纪上半期，教学法研究非常活跃，从中涌现出一批杰出的教学法专家，如俞子夷、吴研因、沈百英、赵廷为。他们堪称我国教学法研究的开拓者。由于汉字有别于西方文字，在中国语文教学研究方面，更有独创性。他们不仅在中国内地而且在华人世界，都有很高的声望。他们一生与时俱进。从对赫尔巴特学派的教学法研究到主持与参与新教育试验，直到后来引进与推广苏维埃俄国的教学法，都作出了贡献。

我国从1952年开始，就“以俄为师”，在中小学设置教研组，后来又在教育行政机构中，陆续建立教学研究室。20世纪50年代，在中小学，教学法颇为盛行。这是由于当时教学法是教师职前职后教育的必修课程之一。一般教师或多或少受到过一定的教学法训练。在发达地区，大抵能按照教学法评价教学，以致在很长时间里，从事一般教育理论研究的大学教师，如果不懂中小学教材教法，因同中小学教师缺乏共同语言，而很难走进中小学。鉴于在我国学科课程比美国、俄国课程中的优势更大，按理比别的国家更须讲求教学法，而实际情况与此恰恰相反。昔日教学法的繁荣，早已一去不复返了。个中缘由也就值得考虑。

1. 如此状况，首先同分科教学法本身的局限性相关。我国从进入教育改革的新时代开始，客观上需要更新传统的教育价值观念，而教学法涉及的是这部分或那部分教材如何教的问题，成不了高头讲章。同各种崭新的教育价值观念相比，它像是无关紧要的“小儿科”。它既登不了教育理论的大雅之堂，也难以列入“学校形象工程”，或教育行政部门的“政绩工程”。一些地方即使冒出这种或那种“教学法”品牌，终究由于缺乏“教学法”应有的普遍适用性而各领风骚不多天。

2. 我国教学法研究者，大都来自中小学教学经验丰富的教师。就一般情况来说，他们虽有可贵的实践经验，却因受狭隘分工的局限，缺乏一般教育理论的视野与教育研究的训练；而教育理论水平甚高、研究能力较强的学者，又不屑关注这种教育研究领域的“小儿科”。故原有的“教学法”，为了提高“理论水平”，往往羼入教育学、教学论、课程论和心理学话语，反而不伦不类，弄巧成拙。到如今竟走上了末路，成为淡化教学法特点的“学科教育学”。剩下的各种赝品

“教学法”，总算还给人们留下一点“教学法”的记忆。如此这般的“教学法”，就连在教师职后教育中也消失了，其合理性也不言而喻。

然而，不同课程、不同教材如何有效地教学，毕竟是每个教师回避不了的难题。这样，问题就出现了：“假如教师不懂得教学法，那教学将是怎样的情形？”凭经验解决么？拍脑袋从头摸索么？如果那样的话，要教研组何用？要教研室何用？这且不谈，就说那些先进的“教学理念”吧，如果不是一直飘浮在口头上，羼入文章中，那么只有以教材教法为载体，即落在实地，才称得上是教学的“理念”。

如果这只是一个对“教学法”的认识问题，事情也许还不难解决。困难在于，“教学法的命运”原不是真正的问题，真正的问题是“教学法研究者”的命运。因为教学法的学术声誉高不高，实同中小学教师无干，而对于“教学法研究者”，却是至关重要的问题。譬如，有一位在数学教学研究方面颇有建树的专家，仅仅由于“数学教学法”学术声誉受到质疑，这位专家就进不了“博士生导师”的殿堂。

如今，不懂教学法的“专家”，可以大摇大摆地进出中小学（惭愧，本人就是一例）；教研室的研究人员、大学的教学法教师，不论教育理论的功底如何，却玩起了“教学理念”。这就叫做“外行人干起了内行事，内行人干起了外行事”。教学法研究者的状况如此，教学法的命运又能怎样呢？

（原载《全球教育展望》2007年第4期）

# 8. 真“对话”在哪里

《教育参考》杂志2009年第4期刊载一篇题为《避免假“对话”》的文章。其中提到一系列“假对话”教学现象。如，“简单的是非判断”的对话、“由师而生”的对话、“预设过度”的对话、“缺乏深意”的对话，以及“表演成分过重”的对话。指其“严重违背了教学对话的理念和精神”。此类现象在如今的“公开课”中确实屡见不鲜。不过，在读了这篇大作之余，不免发生疑问：“真对话”在哪里?

据称“真对话”是指，“平等交流与沟通”的对话、“多维的教学互动”的对话，“一种生成的理解”的对话。对如此“教学对话”的理念和精神，自然没法不赞成。只是这种“理念和精神”若不附着在某种载体上，人们怎能看得清、摸得着呢?尽管这是一个外行的困惑，终究是一种困惑。

本人一向孤陋寡闻。虽然不明“对话教学”是怎么一回事，在小学语文教学课堂上，倒也见识过不少似乎符合上述“理念和精神”的对话。例如，对课文中的某个故事情节，学生议论纷纷。许多同学作出互不相同的解释。其中不乏出奇的看法。教师即使对奇谈怪论，也未轻易否定，甚至还从中挖掘出“合理的”成分。对这类案例，我大抵只是看热闹，却说不出其中的门道。因为这类案例，自然算不上“简单的是非判断”的对话、“由师而生”的对话、“预设过度”的对话。虽或有“新意”，却无法测其深浅。对有表演成分的对话，也难以断言其轻重。有时见到简单的是非判断的对话，却又无法证明对话者之间是否平等。偶然见到“多维的教学互动”，仍弄不清楚其中“生成”了什么理解。

或谓“教育”就在这种“学生互动”的过程之中，只是又很难区分其中的“创新精神”的生成与随意性的生成。也许创新精神与随意性是共生的。不过，随意性毕竟有别于创新精神。如果真要养成随意性，那又何必把那么多孩子圈进学校、圈进课堂呢？

其实，本人所虑“真对话的载体在哪里”，也许不是一个真问题。因为据雅斯贝斯分析，仅就教育本身而言，可把人类迄今为止的教育分为三种基本类型，即经院式教育、师徒式教育与苏格拉底式教育。其中经院式教育与师徒式教育，称得上是教育上根深蒂固的病根。唯有远远早于那两种教育的“苏格拉底式教育”才深得“教育”的精义。

何谓“苏格拉底式教育”呢？“从教育的意义上看，教师和学生处于一个平等地位。教学双方均可自由地思索。没有固定的教学方式，只有通过无止境的追问而感到自己对真理竟一无所知，因此而激发学生对探索求知的责任感。这是苏格拉底的‘催产式’的教育原则。”① 自然，在雅斯贝斯看来，苏格拉底式教育，“这不是发挥学生凭偶然机会和一时的经验所表现出来的特殊才能，而是使学生在探索中寻求自我的永无止境的过程”。①这就是说，学生单凭自己的经验和体会，在课堂上无拘无束地自由发挥，虽也难得，但不一定称得上“真对话”。

这种对话，如果称得上真对话，尽管令人向往，由于它“没有固定的教学方式”，即没有定型的结构形式与运作程序，即使是再明智的价值观念，因缺乏相应的载体，人们怎样才能把握它呢？

---

①雅斯贝斯. 什么是教育［M］. 邹进，译. 北京：生活·读书·新知三联书店，1991：7－9.

其实，“产婆术”本身就是一种反复运用的独特的对话方式。其特点是教师（如果可以这样称呼的话）为探求某种理念的真谛，主动向对话的另一方，不断地追问，使对方不断地从自以为知到知道自己无知，从而一迭连声地唯唯诺诺，说不出一个“不”字。而教师一方并不因对方随声附和而罢休，仍继续追问下去。在这个过程中，并无什么“生生互动”，其场景绝对没有我国小学课堂那么热闹，“教师的主导作用”发挥得淋漓尽致。不过，这虽是“由师而生”的对话，所提出的问题又多半只求“简单的是非判断”，但它又不是“预设过度”的对话，因为教师的每一个追问，都是在对话场景中针对对象的回答提出来的。尽管每一个过渡性的问题都“缺乏深意”，而整个对话过程却大有深意在，是一个让谈话对象自己发现真理的过程。

苏格拉底自称，他同青年人的对话，主要出于自己无知。为了探求真理才同别人对话。另据雅斯贝斯称，无论是经院式教育、师徒式教育，还是苏格拉底式教育，“都需要学生具有对绝对真理和寻求真理的引路人——教师的敬畏之心”。所以，如果教师中的有识之士、有志之士、有为之士，有感于自己无知，有探求真理的愿望，同时，学生对真理与老师又存敬畏之心，那么尝试实施这种“真对话”，肯定大有希望。

自然，如今所谓“对话教学”的理论基础，除了苏格拉底的先例和雅斯贝斯的教育基本类型说以外，还有巴赫金的“对话理论”，以及这种理论在现代解释学中创造性的发挥。只是这些建树还不是教育基础理论本身。如果把这些理论当做教条，在基础教育中生搬硬套，那么在中小学课堂上出现真真假假的“对话”，也就不足为怪了。即使出现“假对话”，又怎能怪得了一线的教师？

（原载《江苏教育研究》2009 年第 8 期）

# 9. “假对话现象” 何以发生

本人曾针对《避免假“对话”》一文（《教育参考》杂志2009年第4期），发出“真对话在哪里”的质问。在《真“对话”在哪里》一文中，关于“假对话何以发生”，虽然没有明说，实际上已经点出在公开课上常常看到的“假对话现象”，未必是这个或那个教师之失，而是如今教育界奢谈“对话教学”之误。这不见得是“对话理论”本身的问题，而是这种理论在教与学中的误用。其实，一般中小学教师未必知道“对话理论”到底是怎么一回事。

文学理论中的“对话理论”，现代解释学中的“对话”之说，原不属于教育理论。雅斯贝斯的教育基本类型说，虽同教育相关，它本身也只是对教育方式的一种哲学思考，是对历史的教育现象的非常抽象的概括。其中所论三种教育方式，即经院式教育、师徒式教育与苏格拉底式教育，有助于理解不同类型教育的性质与特点。① 至于所谓“苏格拉底式教育”，既同苏格拉底“产婆术”原生态有显著区别，更同我们所处时代、我们这个国家、我们国家的不同地区、不同学校教与学的具体实践，有程度不同的距离。这种理论虽然有助于提高对教与学现状的洞察力，如把它奉为圭臬，用以衡量这个课堂或那个课堂“对话”的真假，结果大抵只能是“假对话”比比皆是，“真对话”难以寻觅。

因为自古以来，苏格拉底就这么一个。苏格拉底式的学者（或教

① 雅斯贝斯．什么是教育［M］．邹进，译．北京：生活·读书·新知三联书店，1991：7－9．

师）也很少见。怎能期望甚至强求成千上万教师实施“苏格拉底式”的“对话教学”呢？何况引导学生自己发现真理（哪怕只是合乎逻辑地得出结论），虽是一种较为理想的教与学的方式，然而，如以此种方式取代使学生接受现成结论（现成知识）的“讲授”或“阅读”，取代训练动作技能或心智技能的“练习”，其结果很可能便是使学生成为“苏格拉底的谈话对象”般的路人，或广场上聊天的闲人。

雅斯贝斯在论及“苏格拉底式教育”时，曾道“没有固定的教学方式”。其实，“没有固定的教学方式”，并不表示“没有教学方式”。苏格拉底的“产婆术”本身不就是一种教学方式么？按照这种说法岂不是认定就连“苏格拉底式教学”也不宜模式化？

雅斯贝斯表达的，毕竟是一种天马行空的哲学见解。由于教与学无不是在特定情境中的具体实践，即使是明智的哲学（我国爱说“理念”），若不以一定的载体沟通同具体实践的联系，也只能是可望而不可即的空中幻影，或心目中的美妙愿望。因为即使是“摸着石头过河”，也得有“石头”可摸啊！

惟其如此，近代以来便有“教学法”的探索。所谓“教学法”，原意是“教学法则”。包括教与学的一般法则（普通教学法）与各门课程的教材教法（分科教学法）。不论其研究水平如何，它们都作为把近代“以人为本”的教育价值观念——或为教与学的自然法则（规律——规则），或为教与学的当然法则（价值法则——规范）——转化为教与学的原则、程序与方法的尝试，旨在指导或规范教与学的活动。

问题在于，教与学毕竟是活生生的人所参与的活动。关于教与学的任何法则，任何原则、程序与方法在运用中既可能行之有效，也可能硬化为束缚人们主动性与创造性的模式。加之传统的教学法根植于学科课程，曾经被我国称之为“新教学法”的那些“新教育”的建树，缺乏普遍适用性，这才使教学法的命运不佳。于是也就出现更加聪明的想象。即如果教师形成先进的“教育理念”，如“对话”之类理念，就可不受既成的教学法条条框框的束缚，从具体条件出发，自主寻求实现某种“理念”的方式，岂不是更好？

只是自编或搬用“对话”之类的新词、新口号虽不困难，而形成这种思维谈何容易？即使形成某种新思维，自主寻求实现这种思维的手段或路线图，哪有那么轻松？其实，这倒像是一种“有石头不摸”或“不摸石头过河”的思维。惟其如此，教与学活动中出现鱼目混珠现象也就不足为怪了。

有道是：

妙用教法存乎一心，

教有常理无常法，

明订学规重在自律，

学无止境有传承。

（原载《江苏教育研究》2009年第8期）

# 10. 课堂“对话”的常规

写罢《真“对话”在哪里》和《“假对话现象”何以发生》，忽然想到：假如暂时忘记所谓“对话教学”，情形将会怎样呢？

假如暂时忘记“对话教学”，这就是说，如果换一个视角看待所谓“假对话现象”，那么一些简单的谈话方式，如“简单的是非判断”的谈话、“由师而生”的谈话、“预设过度”的谈话、“缺乏深意”的谈话，以及“表演成分过重”的谈话，很可能会自然减少。既然没有标榜“对话教学”，对这类简单的谈话，也就无须以“假对话”论定了。

其实，如以平常心看待这类简单的谈话，它们不过是日常教学中寻常的现象。就以其中最为简单的方式（是非判断）来说，以往有些中小学教师形成一种“教师职业语言”（含语气），即在讲授时连续中带有停顿，让学生齐声应答，而讲课并不为学生应答所打断，形成师生呼应的氛围。这种只求是非判断的谈话，何错之有？

如无“对话教学”的讲究，只要允许学生发问、尊重学生提问的权利，“由师而生”的谈话，即教师主动提问，有何不可？在“产婆术”的运用之中，几乎全是苏格拉底连珠炮式的提问与反问，不亦妙乎？

如不以“对话”论短长，那么“缺乏深意”的谈话、“表演成分过重”的谈话，都不难理解。因为小学生的学习谈不上什么深意。反之，含义深刻的学习活动，未必适合小学生。

如果达不到“真对话”的水平，何妨注重对“课堂谈话”（通称

"谈话法"，其中包括"问题法"）的讲究。

如今在小学课堂上，与其说"满堂灌"，不如说"满堂问"现象更为普遍。常见的流于形式的"对话"，其实多为走过场式的问答。

小学课堂中提问过多现象，从活跃课堂氛围角度看来，倒也不是不可以理解。问题是，在我国多年来一直把教师系统讲授贬之为"注入式"和"满堂灌"，导致对教师系统讲授的价值估计不足。从而发生"满堂问"优于"满堂灌"的误解。

其实，教师系统讲授亦大有讲究。能够吸引学生津津有味地听课的教师，其功力实在不浅。只是再精彩的讲授取代不了学生自己的认知和思考。

根据长期积累的教学经验，作为教与学活动的课堂谈话（不只是为了活跃氛围的谈话），也有一些起码的规则。

1. 以教材中的重点与难点为话题。

2. 面向全班学生提问，让学生考虑后再回答。

3. 由学生自动举手回答，必要时由教师点名指定学生回答。

4. 避免在点名对象的选择中，流露出对这个学生或那个学生的偏爱或歧视。不论学生回答的对错，哪怕答案很可笑，教师和其他学生都对回答问题的学生不失尊重。

5. 避免把谈话变成回答问题的学生同教师之间的个人问答。即要求学生面对全班同学回答问题，其他同学也得注意认真听取同学的回答。

6. 每一次旨在解决教材中重点与难点问题的谈话，都得避免发一通议论，不了了之。而要得出明确的结论，其结论即使不是标准答案，也得有能够成立的说法。避免助长随意性，甚至把随意性合理化。

7. 对于某个问题的谈话，避免使学生只关注教师作结论，而要引导全班学生关注谈话的结果，并须了解学生是否知道这个结果。

8. 更重要的是，既然学生参与谈话，就该使他们了解上述有关课堂谈话的起码规则，并经常运用这些规则。这样的课堂谈话，不仅是一种行之有效的教学方法，教学的教育性也就蕴涵其中。即使如此，也只能有选择地运用，避免滥用。

教师如果连这些起码的课堂谈话规则尚未掌握，就试图实施富于哲理的“对话教学”，其结果也就可想而知。

在传统的教学方法中，比谈话法进一步的教学方法，还有“课堂讨论”。关于“课堂讨论”，在历史性的实践中，也形成了一系列的规则。只是它最多只能在小学高年级运用，即使在中学，也只能有选择地运用，故在这里也就毋庸赘言了。

“对话”比“谈话”“讨论”更富有哲理性。其含义更为深刻，其外延也更为宽广。例如，它可以超越传统的“阅读教学”的视野，讲求“同文本对话”。至于如何在头脑中“同自己对话”，那又是更加高深的问题。惟其如此，在这里只“假设”暂时遗忘“对话教学”将会发生的情形，无意对这个建树本身妄加评说。

（原载《江苏教育研究》2009 年第 8 期）

# 11. 变化中的“作业”取向

偶然翻阅《百姓》杂志2006年第2期的一篇署名文章，其中提到30年前的一件往事，饶有兴趣。据称，1979年中美两国曾互派访问团，考察对方的小学，并各自提出访问报告。双方报告中，各有四点见闻。其中在中国访问团看来，美国小学二年级学生，大字不识一斗，加减乘除还用掰指头，却大谈发明创造。而美国访问团却不知中国的“家庭作业”到底是怎么一回事。足见中美两国教育价值取向相差何其大。别国小学生识字不多，同他们没有家庭作业是否相关，不干我们的事。我只对他们连“家庭作业”这样寻常的事也不知道，感到奇怪。

最近有幸拜读上海师范大学硕士生李思悦在钱源伟教授指导下完成的上海市13所小学四年级家庭作业调查报告。这才觉得我国小学生家庭作业状况，不仅会使美国人匪夷所思，就连我这个对“家庭作业”司空见惯的人也莫名其妙。于是，萌生了考察家庭作业的兴趣。

“家庭作业”到底是怎么一回事，这要从学校中引进“作业”概念谈起。

## 一

“作业”（德语 Arbeit），在古代原指奴仆的劳作，是个贬义词。到了近代，才发现“作业”的教育价值，并不断拓宽这个概念应用范围，破除对劳作的贱视，提升作业在学校课程中的地位。甚至一度还使其成为教育中的核心价值观念。

演变过程如下。

1. 18 世纪德国学者莱辛、康德率先把“作业”从体力劳动推广应用于脑力劳动，形成“书本作业”“精神作业”之类概念。①

2. 18 世纪法国启蒙思想家卢梭，在前人启发下，发现主要是体力劳作的农业和手工业劳动的教育价值。他说，目前所有支持人的生活的职业中，最近于自然状态的，是手工业的劳动。所有的职位，最能独立不依赖于命运的，就是工匠。工匠只依赖自己的劳动生活。他是一个自由人。② 故主张让儿童学会各种手工劳动。不是请师傅来上课，而是拜工匠为师。和师傅同住、同吃、同工作，但不忽视学别的东西。

3. 产业革命后，形成近代工人阶级。在进步的社会运动推动下，逐渐破除对以体力劳动为主的职业的歧视。从而排除在学校中设置手工劳动课程的思想障碍。

4. 19 世纪与 20 世纪之交，鉴于传统的“读书学校”的弊端充分暴露，遂兴起以“劳作学校”取代“读书学校”的欧洲“新学校”运动和美国“进步教育”运动。“作业”成为“新教育”中的核心价值观念。

至于“作业”（其中包括“家庭作业”）在学校中的实际地位，主要同教与学组织历史性的变化相关。

## 二

其实，在古代教学组织中，课业本身就是生徒的作业。因为古代教学组织以“学”为主，生徒在教学组织中的主要活动是认字、背书、习字、打算盘、作文。在一般情况下，教师并不开讲，或甚少开

①姜琦. 现代西洋教育史［M］. 北京：商务印书馆，1935：211－212.

②卢梭. 爱弥儿：上卷［M］. 北京：人民教育出版社，1985：249－250.

讲。故一般生徒虽认字背书，甚少了解其中的意思。俗话说“念书不讲，犹如隔靴搔痒”。成为典型的读死书、死读书。不仅无法思考，也无需思考，知识面又非常狭窄。到了近代，开始实施班级授课制度，从以“学”为主转为以“教”为主，即以教师讲授为主要方式。教师按照一定课程制度有计划地施教。从而奠定近代以来教学制度的基础。

从以“学”为主到以“教”为主的转变，是教与学组织的进步。因为教师的教，即使只是讲授，至少也可以增进学生对书本知识的了解。然而，随着学科课程和教学组织日益制度化，又产生了新问题。主要是，尽管教学法研究促进了教与学之间的沟通，书本知识与实际生活之间的联系，而这种有限的进展，毕竟不足以改变教与学脱节、学与用脱节的基本事实。事实上，学生越来越陷入被动状态。

时至19世纪与20世纪之交，传统教育与急剧变化的社会需求的矛盾日益突出，从而使传统教育的改革势在必行。有识之士在寻求教育改革突破口的过程中，重新发现一个世纪以前就被发现的“作业”的教育价值。

新教育为什么会以“作业”为突破口呢?

因为以学生的作业（以儿童需要和兴趣为出发点的活动中的作业）为课程中学习的单元，将导致课程从书本知识向儿童生活转移，相应地，使教与学组织的重心从教师活动向学生活动转移。

这类改革名目繁多，花样繁多。如，“工作学校”“劳作学校”“劳动学校”“生活学校”“生产学校”“儿童中心学校”等。概言之，便是欧洲“新学校”，美国“进步主义教育”。这种教育思潮，或称“作业教育思潮”。

新教育虽然触及传统教育的要害，由于它从教与学、学与用中的一端走向另一端，故未能从根本上解决教与学、学与用之间的矛盾。

它所带来的新问题，很自然地促成传统教育的反弹。

历史证明，新教育在哪里传播最快，流行最广，那里传统教育反弹的力度最大。在苏维埃时期的俄罗斯，由于原先改革的步伐最快，在1931年以后，传统教育复活也最显著。“家庭作业”便是这种反弹中的产物。这种作业本身虽有必要，只是它已经同新教育中的“作业”异趣。它主要是书面作业。不过，其作业负担不及我国如今这么沉重。

至于西方发达国家，所谓“新教育”与“传统教育”，所谓“革新”与“保守”，都是中性概念。20世纪40年代以后，新教育虽失去势头，传统教育仍占有相当优势，而它已经逐渐发生变化。何况新教育的影响还在。美国人这才不知“家庭作业”到底是怎么一回事。

## 三

我国小学生家庭作业的情况如何呢？以上海市为例。据李思悦对13所小学四年级学生家庭作业负担的问卷调查，学生每日完成作业的时间如下。①

| | Frequency | Percent | Valid Percent | Cumulative Percent |
|---|---|---|---|---|
| Valid 1～2 小时 | 38 | 12.0 | 12.0 | 12.0 |
| 2～3 小时 | 151 | 47.8 | 47.8 | 59.8 |
| 3～4 小时 | 110 | 34.8 | 34.8 | 94.6 |
| 4～5 小时 | 17 | 5.4 | 5.4 | 100.0 |
| Total | 316 | 108.0 | 100.0 | |

①李思悦. 上海地区小学高年级家庭作业问题的调查与研究［D］. 上海：上海师范大学，2009.

此项统计表明，每日家庭作业 2 ~ 3 小时、3 ~ 4 小时合计，占调查对象总数 82.6%。不妨以 3 小时计。这每日家庭作业“三小时”是个什么概念呢？

1. 如果从晚上 7 点钟开始做作业，到 10 点钟才能完成。

2. 如果上午在校时间为 7：00 ~ 11：00，下午在校时间为 12：30 ~ 4：30，加上家庭作业时间，那么每天学习时间大致为 11 小时。由于几乎每天如此（假期例外），不知如此负担同少年承受能力的极限还有多大距离。

3. 按照上海市教育委员会规定，小学四年级学生每天家庭作业时间为 2 小时，那么学生每天学习时间将超过 10 小时。

学生对家庭作业时间的感受如何呢？上述调查的结果如下。

| | Frequency | Percent | Valid Percent | Cumulative Percent |
|---|---|---|---|---|
| Valid 太多 | 54 | 17.1 | 17.1 | 17.1 |
| 太少 | 12 | 4.4 | 4.1 | 21.2 |
| 不多不少（正合适） | 117 | 72.2 | 72.2 | 93.4 |
| 无所谓 | 21 | 6.6 | 6.6 | 100.0 |
| Total | 316 | 100.0 | 100.0 | |

上述统计表明，只有占 17.1% 的学生觉得作业太多，而认可或大致认可如此作业负担的学生，竟占调查对象总数的 82.9%。

关于此项统计，不清楚的是以下两点。

1. 其中的数据到底在多大程度上反映这批学生真实的心愿。

2. 如果学生的心愿如此，那么 80% 以上学生认可如此负担，能够说明什么问题？人们对嫌作业太多的学生怎么看待，对还嫌作业太少的少数学生，将作如何评价？对这些问题的回答，或许能够成为检验教育价值观念的试金石。

其实，有些外国人未必不知道“家庭作业”是怎么一回事。或许是对这种事情不理解。如此简单的事情何以不可理解呢？因为在有些国家有“学校日”的规定，正如工厂有“工厂日”规定一样。“学校日”表示义务教育适龄儿童接受义务教育的限度。超越这个限度的“教育”，不仅不是适龄儿童应尽的义务，而且是对他们自由权利的侵犯。

在我国，如今尽管超负荷的课业负担屡见不鲜，迄今未闻教师、家长或学生举报。因为在我们这里，这似乎还是一个同法规无干的问题。

（原载《上海教育科研》2009 年第 12 期）

# Ⅲ 变化中的教师伦理价值取向

有两桩事足以阻碍个人的真正精神，使他们——一般从事教育的人——对于教育不能始终其事，终身不离。

［一］教师对于他们的领袖的利害、幸福，看得非常的重要，而对于学校中重要的、应当注意的部分，反漠然视之。

［二］职业的发展的阻力，就是学校与学校的竞争太甚。……据我个人的眼光观之，中国的教师与教师相互之间，最重要的就是把平素念念不忘的你是甲国毕业，我是乙国毕业的念头忘却，而以教育如何发展的观念作大家共同的目的。

——杜威：《教师职业之现在机会》

# 1. 中国古代的“教师”观念

谁都知道，中国自古以来就有尊师的传统。如今学者谈到中国教师传统问题时，总不免援引古代的“师说”。诚然，我们的先人从唐代到清代，曾经留下许多以“师”为论题的著作。称之为“师说”，或“续师说”“广师说”“拟师说”。令人想不到的是，其中许多有代表性的著作中所陈述的历史上教师的处境与士大夫中的“教师”观念，似乎竟同我们现今对我国传统教师的理解正好相反。尽管历史上教师的处境与“教师”观念，颇令今人匪夷所思，然而在如今的现实中，似乎还可以见到那种“教师”与那种“教师”观念的影子。于是，便产生一个问题：中国教师的传统到底是怎么一回事？关于教师，历史上“传”的、“承”的是什么统系，现今“传”的、“承”的又是些什么东西？这不是一个有趣的问题么？

且从我国历史形成的“教”这一概念及教师职业形成问题谈起。

一

中国古代所谓“师”，即使单就“教育领域”中的“师”而论，也是一个既清楚又模糊的概念。这是由于中国“师”一词指称的对象，其涵盖的职能、社会身份与社会地位包括了不同的族群与人物。古代如此，现今依然如此。何况教师的境况又不是一成不变的，故对教师问题须进行历史的、具体的分析。

1. 中国古代所谓“教”，有读平声（今第一声）的“教”与读去声（今第四声）的“教”的区别。前者相当于今之“教学”，后者相当于今之狭义“教育”。从“教”这一角度看来，凡是向别人传授经验，或对别人的行为（甚至人格）发生积极影响，对于别人都不失为“师”（动词），并称这种人为“师”。

只是这种“教”，有随机活动与常规活动之别。相应地也就有“非常师”与“常师”之分。常规执教，即设学授徒，通称“授业”。“授业”之师的“常师”，因其弟子相对固定、师—弟子关系为确定的人伦关系。这种授业之师，为狭义的即严格意义的“教师”。

2. 从个人的角度来看，以设学授徒为谋生手段，可能是短期行为，也可能为终身之计，唯有长期甚至终身授业者，才算是教师职业的从业人员。不过，这种“职业”的含义，仍有别于近代以来的“职业”观念。

“职业”是社会分工凝固化的产物。尽管就个人谋生手段而言，“职”指分内应为之事，“业”为所执之业务，而一定的业务只有为社会所需，即提供社会所需的产品或服务，才能得到社会认可。某种产品或服务只有成为别的行业无法提供的产品或服务时，它才得以维持而成为稳固的职业。由于特殊的产品或服务有赖于专门的技能或技术，所以并非任何业务都能成为职业。不过，在职业社会形成以后，由于职业分工凝固化，遂使单靠体力劳动就能完成的事务，也被硬化为一种“职业”。

随着社会生产与交换领域竞争的加剧，每个行业只有保持产品或服务的质量，并获得起码的职业声誉，才能在竞争中不致被淘汰，从而导致职业组织的发生。传统的职业组织为手工业行会与商业同业公会。由行会按照习俗形成行规，以约束业内从业人员的职业行为，并限制业外人员介入本行业。在现代则由开放性的职业组织取代封闭性的行会。明乎此，便可进而考虑教师职业形成问题。

3. 中国早就有私学兴起，后来设学授徒之师越来越多。到明清之际，塾师几乎遍及城乡，而近代意义的“教师职业”则是在教育近代化过程中才形成的。

中国早在春秋战国时代，即已出现士、农、工、商四民之别。不过，其中只有手工业与商业，不仅有内部的行业分化、再分化，而且形成职业组织，具有职业特征。士民与农民属于社会阶层。在士民内部，其上层分子，或登仕途，或谈经论道，设学授徒，或舞文弄墨，至于下层士民，除有一定技艺、方术者，如郎中、乐师、巫师之类，或多或少带有职业特征外，为数众多的士民，迫于生计，一般为塾师。由于一般童子之师，只需一定文化，便可塞责。无需专门技能，亦不受行规约束，其职业特征不鲜明。故近代职业社会形成以后的教师（包括如今的教师）与古代教师状况不可同日而语。

## 二

谈到教师的社会地位与职业声望，世界各国似乎都存在自相矛盾的说法。即无不论定教师属于崇高的事业；同时又不否认，教师的职业声望并不高，教师的待遇普遍略低于同学历的其他许多职业从业人员。其实，这两种估价并不见得冲突。因为前者只表示由于教师职业同未成年人的成长直接相关，故教师应当受到尊重；后者陈述的是教师工作环境与待遇的实际情况。这种对教师厚望与薄待的反差，或许同教师职能的专业化程度不够高相关。

上述判断虽也适用于中国，唯在中国又不难列举种种说法，证明我国早已形成尊师的传统。如，我们的先人早就深明“国将兴必贵师而重傅”“师严然后道尊”之类大义，南方民间还曾有立“天地君（国）亲师”牌位的习俗。其中有一个特别的缘由，即在许多国家“教师”与“教授”是不同的概念。在那些国家里，“教师”主要指中小学教师。而在中国，自古以来，“师”这个词就是尊称，不仅指称教育领域内身份、地位不同的族群与人物，甚至把不授业、不再授业的显赫人物，也尊称为“师”。以致至今“教师”的概念仍然涵盖从幼儿园教养员到大学教授的“授业”之师与徒有“授业”之名的疑似教师。

这样，对于中国教师传统（其中包括尊师传统）就须具体分析。

我们的先人留下不少以“师”本身为论题的著作，泛称“师说”。如唐代韩愈《师说》，宋代柳开《续师说》、王令《师说》，明代李懋《师友说》、何心隐《师说》、王世贞《师说》、李贽《真师二首》、张自烈《续师说》，明清之交黄宗羲《续师说》与《广师说》，清代翁方纲《拟师说》、章学诚《师说》、姚莹《师说》，以及清末胡薇元《师说》。

在各家“师说”中，揭示出许多奇怪的“教师”观念，颇令今人匪夷所思。

1. 士子以相师为耻，士大夫把为人师者引为笑谈，学者避“师名”，或避授业

自魏晋以降，由于佛老之学勃兴，儒学式微，遂使士子不仅耻于相师，而且把为人之师，为人弟子，作为嘲笑对象。

柳宗元无可奈何地说，“由魏晋氏以下，人益不事师。今之世，不闻有师。有，辄哗笑之，以为狂人”（《答韦中立论师道书》），“今之世，为人师者众笑之。举世不师，故道益离”（《师友箴》）。

韩愈称，“士大夫之族，曰师曰弟子云者，则聚而笑之”，“今之众人，其下圣人者亦远矣！而耻学于师”（《师说》）。

到了宋代，柳开仍称，“今世之人，不闻从师也”（《续师说》）。

世风如此，遂使学者力避师名。不过，郑重的学者力避师名，并不单是害怕被人嘲笑。他们自己就以“好为人师”为戒。黄宗羲曾列举“古人不敢轻自为师”的先例。如，柳宗元避师名，李翱曾从韩愈学文，而径称乃师“退之”，而韩愈并不介意。陆九渊曾为吕祖谦（字伯恭）所取士，吕祖谦在“鹅湖之会”上反而视陆如前辈。何基

为朱熹再传弟子，虽有学问，不敢轻易招收弟子，张元忭为罗万化弟子，师弟子之间以兄弟相称。

然而，古代好为人师者亦大有人在。故李贽就瞧不起这种角色："自孔子后，学孔子者便以师道自任，未曾一日为人弟子，便去终身为人之师。"他在列举前贤不枉为人师的先例之后，戏称"弟每笑此等辈（指前贤），是以情愿终身为人弟子，不肯一日为人之师"（《真师二首》），借以反讽世人。

2. 世人以不授业或不再授业而称"师"为荣

如果说在魏晋至隋唐之际，由于儒学式微导致"师名"狼藉，那么在科举风行之后，为人师者又受到另一种挑战。主要表现为：窃取"师名"的当红人物得势，"教师"与"授业"分离，真假教师名望颠倒。

柳开指出，"学而为心，与古异也"，"古之学者，从师以专其道，今之学者，自习以苟其禄。焉得其与古不异也?"（《续师说》）

王令愤愤不平地写道："天下之师绝久矣！今之名门，徒教粗刺章句，希望科第而已。"当年子路使子羔为费宰，孔子斥他"贼夫人之子"，"今贼人者皆是，是皆取戾于孔子者耳！恶（焉）得为人师，恶（焉）得为人师"（《师说》）。

如此状况，虽失师道，总还同授业沾边。到了明代，当红的"名门"进而同授业失去了干系。

黄宗羲指出，流俗有"句读之师"，有"举业之师"，有"主考之师"，有"分房之师"，有"荐举之师"，还有"授拜之师"（《广师说》）。师者，所以传道、授业、解惑者也。"道之未闻，业之未精，有惑而不能解，则非师矣"，"本无可师，强聚道路交臂之人，曰师、曰弟子云者，曾不如童子之师，习其句读，巫医、乐师、百工之人，授以艺术者之有其实也"（《续师论》）。然而，"师道多端，向背攸分。乘时则朽木青黄，失势则田何粪土"（《广师说》）。田何为西汉今文《易》学传人，这便是真假教师名望的颠倒。

3. 士大夫低估实实在在授业的塾师

中国古代，家塾几乎遍及城乡。塾师虽然都是实实在在的授业之师，在民间也受到尊重，称其为“教书先生”。而在士大夫眼中，除为数甚少的经馆塾师以外，一般塾师不过是“句读之师”。这种说法大致符合实际情况。因为一般塾师所授之业，读（识字）、写（字）、算（打算盘）而已。“师说”论述的是“师道”。正如韩愈所说：“彼童子之师，授其书而习其句读者，非吾所谓‘传其道’‘解其惑’者也。”（《师说》）很明显，这是把塾师排斥在外。只在批判不传道、不授业、不解惑徒托“师名”的不良风尚时，才把“句读之师”拉来作反衬，指其还不如童子之师名副其实。

或许由于塾师也属士阶层，或疑似士阶层，加之“天地君（国）亲师”之“师”未分高低，故能叨光受到一定尊重。唯民间对塾师的尊重与其实际处境及待遇无干。

有诗为证。

**蒲松龄：《学究自嘲》**

暑往寒来冬复秋，
悠悠白了少年头。
半饥半饱清闲客，
无锁无枷自在囚。
课少东家嫌懒惰，
工多子弟结冤仇。
有时随我平生愿，
早把五湖泛轻舟。

（原载《蒲松龄集》附录）

## 郑板桥：《教馆诗》

教馆本来是下流，
傍人门户度春秋。
半饥半饱清闲客，
无锁无枷自在囚。
课少父兄嫌懒惰，
功多子弟结冤仇。
而今幸得青云步，
遮却当年一半羞。

（郑炳纯辑《郑板桥外集》，山西人民出版社，1987年版，第349页）

## 胡粹亭：《仿馆师》

［南商调黄莺儿］

一顶破方巾，头上戴，误此身，寄人篱下防难稳。生徒几名，束脩几金，翁酸况味心中忍。赢个村童牧竖，见面叫先生。

归家走一遭，才进门，气已消。闺中人把家常道。无柴昨宵，无米今朝，几乎刮得空锅叫。急忙忙，摒当未了，馆仆早来邀。

（郑邦炎主编：《曲苑观止》，上海古籍出版社，1997年版，第756页）

## 李森庐：《塾师寄妇诗》

今年馆事太清平，新旧生徒只数人。寄语贤妻休盼望，想钱还账莫劳神。

父无佳馆子闲居，命不如人总是虚。今岁家中宜省俭，老糠喂鸭菜淘猪。

我命从来实可怜，一双赤手砚为田。今年恰似逢干旱，只半收成莫怨天。

……（下略）

（徐柯：《清史类抄》第 14 册，商务印书馆，1917 年版，“稗”35 页）

如果说以上提到的状况，或许令今人匪夷所思。那是由于轻信“尊师重道”之类教条所致。其实，在近代职业社会形成以前，存在上述情况并不奇怪。因为那时虽有官学与私学的设置，而在总体上毕竟还处在“学无常师”的时代。至于徒托“师名”的伪教师的出现和真假教师名望颠倒现象的发生，亦属官场恶俗与应试逻辑使然。

话虽如此，塾师的社会地位虽然不高，毕竟“赢个村童牧竖见面叫先生”。不仅如此，在学生和下层百姓心目中，是否“重道”，固然不能一概而论，而对老师，不论它是塾师，还是徒托师名的伪师，“尊师”并不含糊。

不妨说，正由于上述匪夷所思的现象存在，反复强调“国将兴必贵师而重傅”“师严然后道尊”，才不失为明智之举。

## 三

从中国历史上的教师状况与“教师”观念中提出了一些发人深省的问题。

1. 据韩愈、柳宗元称，从魏晋到唐代，“师道之不传也久矣”！然而，这“师道之不传也久矣”，又从唐代说到宋代（柳开、王令），再从宋代说到明代（黄宗羲），更从明代说到清代（章学诚）。意味着他们所谓“师道”之不传也，越来越久。由此不免想到，在此期间，经历千年之久，仍道“师道之不传也久矣”。尽管各有各的说法，各有各的道理，为什么脑筋没有“慢”转弯，反过来想一想（即“反思”）：这“师道”既然说了千年，仍然是个“梦”，何时才是梦醒时分？其实，他们的梦想早已化为现实。因为在此千年中，儒家之

“道”毕竟占了统治地位。只是我们的先贤难以跳出这道统的逻辑，也就老嫌这道统还“统”得不够，“统”得不死。如果不是洋枪洋炮打过来，恐怕这“师道”之梦还不致苏醒过来。

2. 在近代职业社会形成以前，古代虽有官学、私学的设置，只是除被视为“句读之学”的家塾以外，较高层次的就学机会毕竟有限。故在总体上仍处在“学无常师”的时代。也就形成“学无常师”时代的“师”之观念。如：

“从师而问”“求师”“拜师”。

“善于择师”“求不易之师”。

“以师为友，以友为师”。

“弟子不必不如师，师不必贤于弟子”。

“无长无少，道之所存，师之所存”。

尽管这些都是“学无常师”时代逼出来的智慧，其实，其中却蕴涵着普遍适用的“教”与“学”的常理。只是在教师职业化以后，进入“学有常师”的时代。对于有机会就学的学子来说，从师不再成为问题，是否从师也不再由个人自主选择。为人师者也难以做到“因学而教”。从此，“学无常师”时代的教师智慧又重放光芒，令人神往。不过，到如今那只是萤火虫生命力的象征。在现时代，倒是唯有获得这种“教”与“学”传统智慧的人，才更有望“教”有所成、“学”有所成。

3. 古代“师道”是与师之“非道”相对而论的。当时所谓“道”与“非道”，都属社会意识形态。它们只有正统与非正统、主流与非主流之别。事实上，每个时代“道”与“非道”都有所传，亦都有所承。如今的疑问是：先贤在“师说”中揭示的科举时代的“教师”观念，在现时代的命运到底如何？

（原载《教育参考》2008 年第 12 期）

# 2. “师道”何以失传

多年来，谈到教师问题，似乎总忘记不了“师者，所以传道受（通‘授’）业解惑也”。以为这是韩愈给“师”下的定义。弘扬师道，似也投合今人心意。问题是，从韩愈开始，直到有清一代，关于“师道之不传也久矣”，几乎代有所见。古人所谓“师道”，到底何义？“师道之不传也久矣”，越说越久，究竟是什么缘故？本人以往曾就此作过辨析①。惟言犹未尽，不妨再议。

## 一

“师者，所以传道受业解惑也”，是不是“教师”的定义，容后再议。关于“师道”，据韩愈称，“彼童子之师，授之书而习其句读者，非吾所谓‘传其道，解其惑’者也”。表明“师道”专指传道、解惑。这种师道之不传，到底多久呢？

据柳宗元说，“由魏晋以下，人益不事师。今之世，不闻有师。有，辄哗笑之，以为狂人”（《答韦中立论师道书》）。可见，从魏到盛唐末年，师道失传已达600年之久。

韩愈《师说》堪称传世之作。此后“师道”是否代代相传呢？

在北宋年间，率先倡导古文运动的学者柳开，在《续师说》中，又称“今世之人，不闻从师也”。可见经历约180年，师道状况并未

①陈桂生.“师道”辨析［J］. 河北师范大学学报，2008（5）；略论教师的职业精神［J］. 当代教育科学，2008（5）.

改观。从唐代时人“耻学于师”“不闻有师”到北宋之际依然“不闻从师”，看来问题的关键，实在于“求师之道”之不传也久矣。而“师者”在授业过程中是否“传道”（为师之道），还在其次。所以，与其说是“师道”之不传，毋宁说是“学道”之不传（只是当时似无“学道”一说）。关于为学之道，柳开作了古今比较：“古之学者从师以专其道，今之学者，自习以苟其禄”，古人“以道学为心也”，今人“以禄学为心也”，“古之志为学也，不期利于道，则不学也；今之志为学也，不期利于身，则不学也”（《续师说》）。尔后，北宋年轻学者王令，亦有《师说》之作，依然慨叹“天下之师绝久矣”，“今之名门，徒教粗刺章句，希望科第而已”，把师道之失传，归咎于有失师道的名师。

导致如此状况的原因何在？明清之际，黄宗羲在《广师说》中，开宗明义，一针见血地指出：“自科举之学兴，而师道亡矣！”因为自从实行科举制度以来，名师已经变质了。“流俗有句读之师，有举业之师，有主考之师，有分房之师，有荐举之师，有投拜之师”，“师道多端，向背攸分。乘时则朽木青黄，失势则田何粪土，固其宜也”。其中提到的田何，为西汉今文《易》学的开创者。如果说韩愈、柳宗元所谓“师道之不传”，主要指时人“耻学于师”，那么黄宗羲在《续师说》中，则“反昌黎之意”，反问：“师道之不传也，岂特弟子之过哉？亦为师者有以致之耳”。依他所见，到处招摇的举业之师、主考之师、分房之师、荐举之师、投拜之师，“本无可师，强聚道路交臂之人，曰师、曰弟子云者，曾不如童子之师，习其句读，巫医、乐师、百工之人，授以艺术者之有其实也”。这就是说，那些热衷于应试辅导的教师，那些拥有出考题优势的教师，那些无暇授课的教师，那些游走于庙堂的教师，不过徒有虚名，其实连三家村塾师都不如。因为一般塾师还授其业，作为“童子之师”，倒还名副其实。

清代学者章学诚亦有《师说》之作。他着重说明“传道”与“受业”“解惑”的区别：“传道”指谨事君、亲、师三者，而“受业”“解惑”都有“可易之师”与“不可易之师”的不同。即有的教师，别人可以代替；有的教师是别人取代不了的。至于“弟子不必不如师，师不必贤于弟子”一说，主要视师—弟子之间比什么而定。“所争在道，则技艺艺业之长，又何沾沾而较如不如哉?”

## 二

以上所述，说明什么问题呢?

1. 前人所谓“师道”，主要指“传道”，传儒家之道。依照此论，谁闻道在先，别人都该从而师之。不管他有无教师身份或名分。“道之所存，师之所存”，此之谓也。可见“师道”是教师应有的价值追求，但又不是专为有教师身份的人作出的规定。

2. 尽管“师道之不传也久矣”，而各时代并不缺乏授业之师。“授业”，原是教师的本职。在授业过程中传道，在授业过程中解惑，是教师的充分条件与补充条件，即“好教师”的标准，而授业才是教师的基本条件。在授业过程中未传道、未解惑的教师，依然是教师。如“授之书而习其句读者”，仍不失为“童子之师”。反之，在授业之外的传道者、解惑者，尽管在韩愈设定的前提下，也可算是教师，而就教师的本职来说，则算不上是教师。人道是句读之师是“教书匠”，其实教书即授业。教书匠与徒有师名的人相比，倒无愧于教师的称号。

3. 前人“师道”之说的重心，并不在于教师传什么道，如何传道，不在于授业之道与授业之术的区别，而在于学生不从师学道。可见，问题的关键，不在于“为师之道”，而在于“为学之道”。只是到了后来，学风腐败又导致教师变质和教师虚名化。这已经不是教师是否传道问题，而是名师是否授业问题，也就是教师名实问题。不仅如此，名师何以成名？“乘时则朽木青黄”。真师何以不名？“失势则田何粪土”。遂使举业之师，主考之师，分房之师，荐举之师，投拜之师如杂草丛生。

4. 师道之失传，何以达到如此之久？除了原先自魏晋至唐代佛老之道盛行、儒学式微以外，主要由于自隋唐实行科举制度以后，应试之风日甚一日，导致学风每况愈下，师道变质。这是前人的见地。如果前人所见的结果，同他们追究的原因有某种必然的联系，那么现今的状况，将导致怎样的后果，其后果已经露出怎样的端倪，也就有待观察了。

5. 正由于从魏晋到唐代、从唐代到清末，师道之不传越来越久，其后果又越来越清楚，故可以说，“师者，所以传道受业解惑也”，只是韩愈设定的教师价值观念，是以“定义性陈述”的方式表述他的价值观念，而不是从到那时为止的普遍事实中抽象出来的“师”的定义。

三

尽管师道失传已久，而有志于此道者，亦大有人在。黄宗羲在《广师说》中，就传出了许多师道佳话。

真正的学者避师名、不以老师自居，师—弟子平等相处的先例，有：

唐代大名鼎鼎的散文家柳宗元避师之名。宋代学者何基为朱熹门人黄干的弟子，即朱熹的再传弟子，即使很有学问，也不敢轻易招收弟子。

唐代学者李翱，曾从韩愈学文，而李翱称韩愈（字退之）为“吾友”，或径称退之。宋代学者陆九渊曾为吕祖谦（字伯恭）所取士。

他称乃师吕祖谦为“执事”，对他人提到乃师时，则称“伯恭”。淳熙二年（1175），吕祖谦、陆九龄、陆九渊、朱熹、刘子澄等会于信州鹅湖寺论学（史称“鹅湖之会”）时，吕祖谦反而视陆九渊如前辈，不敢与之争辩。明代学者张元忭，为罗万化的弟子，这对师—弟子在通信中以兄弟相称。

如此这般，显示出不平凡的学者风范。即以道为重，道之所存，师之所存，不落俗套；但仍不免受到习俗影响。如柳宗元所说，“今之世，不闻有师。有，辄哗笑之，以为狂人”，“独韩愈奋不顾流俗，犯笑侮，收召后学，作《师说》，因抗颜，而为师”。何况韩愈只长李翱四岁，吕祖谦只长陆九龄两岁，这两对师—弟子属于同龄人。

前人尊师的先例，如：

明代学者贺钦，师事陈献章。他把乃师的画像挂在自己书房中。王守仁死后，其弟子钱德洪、王畿，效法子贡，在乃师墓旁，筑室守丧。

明代学者颜钧，因得罪当局而下狱。其弟子罗汝芳到狱中服侍老师，长达六年之久。虽因此而耽误自己廷试，亦在所不惜。颜钧晚年，一茶一果，都由罗汝芳亲自照应。颜氏子弟要去服侍，他说：“老师不是你们可以服侍得了的。”同样，罗汝芳的弟子杨起元，也供奉乃师罗汝芳的肖像。自己外出，还向乃师肖像告别。

古人毕竟没有现代人聪明，故这些故事中即使有作秀成分，也有限。由于这些故事发生在私学中，且主要在书院中，故如今在作为“公共教育机构”的学校中，无论教师还是学生，都无须望其兴叹，把这些佳话作为历史长河中的特写镜头欣赏可也。

（原载《江苏教育研究》2009 年第 1 期 A）

# 3.“师德”要义

在我国，“师德”仿佛是一个说不尽的话题。任何一桩事情，即使说得再多还要再说，写了再多还要再写，只要说了有人听，写了可能发表，或许表示还有说和写的必要。只是像“师德”这样的问题，说了一年又一年，写出成百成千篇，国家级、省市级厚本薄本课题报告数也数不清，居然还有兴致说下去、写下去、研究下去，这就不懂了。其中的“水”到底有多深？

如此现象，在别国虽不多见，而在我国历史上并不稀奇。可算是从来如此，只不过于今为烈。或许不难理解，盖因普遍认为我国目前“师德”尚存在许许多多问题。那么，既然说了那么多，写了那么多，又贡献了那么多课题研究成果，到底解决了什么问题，还有什么问题有待解决？说到存在的问题，恐怕先得分辨，在被作为“问题”的问题中，有无真伪之分？有无可能解决与不可能解决的问题之别。伪问题、不着边际的问题，炒作出来的话题，说得再热闹，写得再深奥，也是废话。那么，又该如何鉴别“师德”问题的真伪，如何设定“师德”的界限呢？如欲尝试就此加以澄清，恐怕还得明了“师德”到底是怎么一回事。

这样说，是不是过分呢？我国教师多达千万之众，又有那么多写手与能人，还有那么多专家，难道连师德是怎么一回事都不了然么？实际情况究竟如何，不妨从“师德”概念谈起。

## 一

“师德”，顾名思义，指教师道德。它属于职业道德范畴。其中的道德规范，为教师职业行为必须遵循的行为准则。就教师中普遍存在的情况来说，某种行为准则是否规范教师的职业行为，成为多数教师不得不遵循的行为准则，取决于它本身是不是堪为教师职业活动正常运作所必不可少的规定。否则它就可能成为具文。一组称之为“师德规范”的规定中，如果或多或少夹杂注定成为具文的规定，势必就连应有的与不可或缺的准则，也将连带丧失道德规范所应有的权威。

那么，师德规范到底如何形成，并获得权威呢？师德既然属于道德的范畴，它就该在教师职业社会与职业环境中像社会公德那样，成为公共生活与共同活动中不可或缺的行为准则。以这种行为准则规范教师的职业行为，主要诉诸舆论与个体良心的调节。能够触动舆论与良心的行为准则，主要是共同活动中不可违背的底线。在一般情况下，如发现教师“缺德行为”，却未受到同行道德舆论谴责，而当事人不以为耻，那么，除了职业环境不健康以外，就得考虑，被违背的规定本身，算不算“道德的”规范，这种违规行为，是不是“缺德”的表现。这就是说，不必要的规定即使是正当的规定，因缺乏舆论与良心的支持，也就不具有“道德的”功能。

以上只是就事论事地说明“师德”的原委。如此“师德”，为维护教师职业信誉所必需。对多数教师来说，并不存在这种意义的“师德”问题。由于多数教师不存在这种问题，少数教师也就不致轻易触犯教师行为准则。故为了维护这种意义的师德，除了在教师中形成健康的舆论，并刹住职业环境中的歪风以外，并不需要做太多的事情。

只是如此“师德”，既不可低估，它在教育中的意义又非常有限。

## 二

以上只是在习俗道德的意义上说明师德问题。由于在教师职业中历史形成的习俗道德，主要以戒律形式，划定教师职业行为不可触犯的道德底线，其意义自然非常有限。于是，随着时代的演进，以及教师职业环境、教育工作需求的变化，便有教师伦理（属于伦理道德）的倡导。

伦理道德与习俗道德的区别在于，习俗道德是历史形成的。它早已成为舆论中行为判断的道德标准和共同生活中的习俗行为。即使在它所由发生的历史环境变化以后，在很长时期里它作为历史的惯性仍将持续发生影响。由于习俗道德毕竟是过去时代需求的反映，随着时代的变迁，其中同新时代需求与实际情况抵触的陈规陋习，由于反映新境况、新需求的伦理道德的倡导，它必将趋于弱化，以至消失。

伦理道德主要诉诸人的理性。只有经过充分论证与实践检验的伦理学说才能够成立，蕴涵在其中的道德价值观念及由此引申的道德规范，才可能得到广泛的传播而显示其生命力。经得起时间检验的伦理道德，一旦取得共识，转化为舆论与个人的良知，便可能融入新时代的习俗道德。

以“师德”为例，传统的师德不但讲求“教不严，师之惰”，而且肯定“夏楚二物，收其威也”。原先也在教师伦理之列，后来演化为习俗，一直延续到民国时期。随着时代的进步，如今教师体罚或变相体罚学生，已经被贬之为失德行为。

## 三

一般说来，在公共生活与共同活动中，由于个人行为可能对别人发生影响，也就难免受到别人评价。个人行为如果超过公共生活与共同活动正常运作所容许的限度，理应受到舆论的谴责。教师的职务行为因对学生发生直接影响，更该受到师德制约，这是一方面。另一方面，每个人的行为正当与否，或多或少受到个人意识支配。从根本上说来，同个人品行与价值倾向相关。问题是，社会有理由按照通行的行为准则对个人的行为，尤其是个人的职业行为加以规范，惟在开明社会，没有充分理由限制个人思想自由，更无法代替个人作出价值选择。伦理道德虽有助于提升个人道德修养和价值追求的层级，从而使人自觉地遵循道德规范，然而个人的价值追求只要是正当的，就不该受到别人的干涉。

综上所述，如果从伦理学角度审视教师德性问题，那就可以说，在习俗道德意义上，“师德”并非深不可测的无底洞。只要学校秩序正常，教师中的舆论较为健康，又不为花言巧语所惑，不受花花点子干扰，“师德”一般不致成为问题。教师中即使存在少数道德成问题的分子，健康的舆论就是失德行为的抗毒素、消毒剂。至于伦理道德意义的教师德性，主要同教师的职业精神与价值观念相关。实际上属“师道”问题，主要是“现代师道”问题。它可算是形成中的“新师德”，即教师应有的但不是非有不可的职业观念与职业行为，因而也是需要提倡的和值得个人追求的道德境界。

只是由于这种追求似乎没有止境，也就给众写手“师德空谈”的泛滥，留下无边无际的空间。如不致因此而遮蔽对“师德”应有的关注，则幸甚。

关于“师德”与“师道”问题，本人曾在《教师伦理价值—规范体系刍议》（《中国教师》2008年第21期）和《关于“现代师道”的思考——兼论“师道”“师德”与“现代教师职业精神”》（《河南教育》2008年第9期）两文中作了系统的考察，故在这里对此问题未加深入分析。

# 4. 教师伦理价值—规范体系刍议

从教育组织与授业职能发生开始，教师的品性与授业行为正当性就受到人们的关注。这是由于教师的品性与行为对学生可能产生直接的影响。惟从“学无常师”时代到师生关系定型的业师出现，经历了漫长的过程。随着教育事业的发展和教师数量的增多，教师的价值倾向与职业行为规范才作为带有普遍性的课题，引起越来越深入的思考。

无论在东方社会文化中，还是在西方社会文化中，关于教师价值倾向与职业行为规范的思考，都经历了从张扬这个那个信条与戒律，到形成一定范畴的过程。

中国古代率先形成“师道”观念，西方近代教师职业化以后，逐步形成了“师德”概念和师德规范。到了现代，又提出“教师专业伦理规范”和“现代教师的职业精神”之说。所谓“现代教师的职业精神”，并不是取代“师德”的概念，实际上是超越“师德规范”的“现代师道”观念。所以，“师道”“师德”“教师专业伦理”和“现代教师的职业精神”，并非同义语。它们各有专门的含义，分别是教师演变过程中不同阶段的产物，又各有局限性。

惟其如此，现在的问题是，在历史地、具体地考察相关历史经验的基础上，构建适合我国国情的教师伦理价值—规范体系。

一

“师道”一词，据先师萧承慎教授考证，出自西汉萧望之和东汉桓荣的奏折。① 原非通行的概念。从唐代韩愈《师说》开始，以“师道”为主题的“师说”层出不穷。除柳宗元答韦中立、答严厚舆“论师道书”以外，尚有：宋代柳开《续师说》、王令《师说》，明代王世贞《师说》、李贽《真师二首》、张自烈《续师说》，明清之际黄宗羲《续师说》与《广师说》，清代翁方纲《拟师说》、章学诚《师说》、姚莹《师说》，以及胡薇元《师说》等。表明在中国古代，“师道”已成为通用概念。惟不仅从魏晋至唐代“师道之不传也久矣”，从唐代至有清一代，各家“师说”仍因师道失传有感而发。故都属针砭时弊之作。惟其如此，所论“师道”的含义也就失之宽泛。

韩愈《师说》为“师道”的代表作，也是传世之作。后来各代师说都是从韩文谈起。至今仍然间或如此。韩文中“师道”的含义似乎很明确，如他所说，“彼童子之师，授之书而习其句读者，非吾所谓‘传其道’‘解其惑’也”。表明“师道”主要是指教师在授业过程中传道与解惑。惟此文中，并未讨论教师传什么道，如何传道，如何解惑，而针对“士大夫之族”耻于相师，强调“古之学者必有师”，又道“弟子不必不如师，师不必贤于弟子”。表明其中所论，主要为学子的“为学之道”，“为师之道”反在其次。不仅如此，其中所谓“师”，亦不限于身份固定的业师，还属“学无常师”之师。颇有“师道”“学道”混淆之嫌。

如果说韩愈把师道失传归咎于世人耻于相师，那么后来的师说，越来越把锋芒指向徒有师名的所谓“名师”。宋代年轻学者王令痛心疾首地指出：“天下之师绝久矣！”“今之名门，徒教粗刺章句，希望科第而已。”明清之际，黄宗羲更“反昌黎意”，作《续师说》反问：“师道之不传也，岂特弟子之过哉？”他在《广师说》中，一针见血

---

①萧承慎．师道征故［M］．台北：师大书苑有限公司，2006：3．

地指出，当时的流俗，除句读之师以外，更有举业之师、主考之师、分房之师、荐举之师、投拜之师。这类植根于应试的当红之师，其实同传道、授业、解惑并不相干。名气虽很响，反而不如普普通通的句读之师名副其实，因为一般童子之师毕竟还在授业。

尽管世事如此，古代毕竟还是涌现出一批善待弟子的教师楷模和尊师重道的弟子典范（黄宗羲在《广师说》中多有罗列）。前人关于应试倾向导致学风沦丧、师道变质的揭发，至今仍不失警示价值。更重要的是，在条件成熟时，“师道”将成为教师伦理价值—规范体系中不可或缺的价值层面。

## 二

教师的品性与态度，比其他职业从业人员的品性与态度，更容易受到公众关注。这不仅由于教师以未成年的学生为教育对象，其品性和态度可能对学生产生直接影响，而且由于公众中有过受教育经历的成年人，对教师的品性与职业态度能够作出比较，也就对在职教师的品德比较敏感。

不过“师德”是个晚出的概念。在比较完备的教师道德规范形成以前，近代早期学校的章程中即包括规范教师行为的条款。个别尝试建立国家教育管理体制的国家，学校主管当局颁发的学校规程中，更对教师的职业行为加以规范。随着独立的教师组织的产生，更把厘定教师道德规范，作为专业自律的必要措施。

关于学校章程中的教师道德规范，以 18 世纪“基督教兄弟会”的学规《学校指南》（由拉·萨尔于 1720 年拟订）为例。其中关于教师的规定有：“每天要教半小时的《教义问答》”“无论何时都不得接受学生或家长的钱财或其他馈赠”“要对所有贫苦学生一视同仁，要爱穷人事业更甚于爱富人事业”“要通过自己的行为和举止，以便在谦虚和一切其他应教给学生并身体力行的美德上，永远成为学生的榜样”“要极其谨慎小心，极少惩罚学生”“不论何时，他们都不要给学生起任何侮辱人格的诨名、绰号”……①此学规至少沿用至19世纪初期。

普鲁士腓特烈国王于1763年颁布的《全国学校规程》，其中的教师规范如下。

对教师的要求：……“教师不仅要具备必要的教学能力和技巧，他还应当是儿童的表率，不可将自己每日教导的结果，毁于自己在日常生活中的坏榜样”。

对教师行为的管理：尽管我们认为贵族和其他资助人，拥有招聘教师的不可剥夺的权利，但我们的有关负责人、视察员以及教士，必须监督他们，“不得将任何不称职的、不适当的或放荡的和邪恶的人，聘为教师，或保留在职”“所有教师都不得开设酒菜馆、出售烈酒或啤酒，或从事任何妨碍其工作的职业”“不得有任何以其榜样引诱儿童养成疏懒或放纵之恶习的行为。如闲散游荡、在晚宴或舞会上演奏音乐等”。②

随着教育事业的发展，教师数量增加，教师成为社会分工中的职业，遂有独立的教师组织产生。从19世纪开始，美国陆续建立了教师组织，如，全美教育协会（原为1857年建立的全国教师协会，于1870年更名，缩写为NEA）、全国天主教教育协会（成立于1903年）、美国教师工会（1918年建立），以及教育研究机构。

教师组织旨在维护教师的合法权益，建立教师道德规约，规范教师的职业行为，并把履行这种规约，作为自愿参加教师组织的教师对该组织承担的义务，以保证教师职业的声望。其中影响较大的，为全

---

①②克伯雷．外国教育史料［G］．武汉：华中师范大学出版社，1990：313－315，516－517．

美教育协会厘定的《教育专业伦理典章》(1929 年提出，现行伦理规范于 1975 年修订)。

近代师德与我国传统的师道区别在于：我国古代虽有官学、私学的设置，以教师为谋生手段的人越来越多，而对于为数最多的蒙学教师的职业行为，主要按照习俗行事，并受舆论调节，其规范隐含于习俗之中。当时的“师道”之说，其锋芒主要指向“士大夫之族”对设学授徒的偏见与漠视，同为数最多的一般教师并无多大干系；近代师德则是在教师趋于职业化的背景下，规范一般教师的职业行为。主要为戒律，禁止有碍本职的行为与反教育的行为。教师组织约定的师德规范，则是职业自律题中应有之义。如果说我国传统的师道，主要着眼于教师本职（授业）以外的需要，尤其是传承儒学道统的需要，或针对教师职能以外的倾向，主要是耻于从师的倾向，那么，师德则是关于教师职能活动本身的规范。

## 三

19 世纪与 20 世纪之交，教育事业日趋制度化，传统教育价值观念在变化中。由于师德只能在非常有限的程度上规范教师的职业行为，而不足以影响教师的就业动机与教师价值取向，故有重新张扬“师道”的必要。

日本学者小原国芳，针对近代以来教师重术轻道、重利轻道的倾向，在日本 12 世纪教育家山鹿高佑的师道学说启发下，重新提出“师道”问题。

山鹿高佑，字子敬，号素行，世称山鹿素行，为日本师道学说的先驱。他只比黄宗羲小六岁，比黄宗羲早死十年。可算是黄宗羲的同龄人。他虽崇尚孔子儒学，却与程朱陆王的理学异趣。其师道学说与中国的师说（含师道说）亦大相径庭。

他认为“师者，志也”，而“志者，尽人之道也”。其“师道”的要义如下。①

1. 人之范，行之则，乃为师。

2. 为有志于为人之道者，乃为师。

3. 众望所归，而不得不为人师者，可谓真正之师。

4. 教育终以道德教育为中心，故而恪守师道。

小原国芳作《师道论》，对于“师道”的本义、内容重新加以解释。他旁征博引，反复举例，说明“道”与“术”的区别和重道的意义。

他认定“师道就是斯宾诺莎所教导的‘在永恒世界中’，追求永远之道的意思。就是以坚定不移之心，遵从理性的启示”。②

“术”就是技术，是技巧，“道”就是“宇宙的大法”。③

以奥林匹克竞赛为例，光比纪录，比速度，比奖章，“只教以取胜而忘掉了道，可哀可悲”。④

“教师的工作也不可堕落到光传授知识。还必须像耶稣所说的‘我就是道’那样，有扎根于坚定信念的道。”⑤

小原国芳扎根于其坚定信念的“道”，便是所谓“全人教育”。“全人教育”价值框架⑥如表1。

**表1　“全人教育”价值框架**

<table>
<tr><td rowspan="5">全人</td><td rowspan="3">心（精神）</td><td>知（学问）——真</td><td rowspan="3">宗教——圣</td><td rowspan="3">绝对价值</td></tr>
<tr><td>情（艺术）——美</td></tr>
<tr><td>意（道德）——善</td></tr>
<tr><td rowspan="2">身</td><td colspan="2">生命（保存）——健</td><td rowspan="2">手段价值</td></tr>
<tr><td colspan="2">生活（劳动）——富</td></tr>
</table>

①②③④⑤⑥小原国芳．小原国芳教育论著选：下卷［G］．由其民，等，译．北京：人民教育出版社，1993：364－365，323-326，340.

上述师道论同中国传统师说的区别在于，我国古代师说，多为针砭世事、矫正时弊之作。唐宋师说主要针对士大夫之族，不仅耻于从师，而且以师为笑谈。明清师说的锋芒则指向谬托师名的伪师，而对于为师之道，反而甚少论及。郑晓沧在其《广师说》中（原载1938年6月4日的《教育通讯》第11期）评论韩愈《师说》时，一针见血地指出："韩氏所谓'受业'云云，殆为'授业'之意。"惟"韩氏对于此点，未加发挥，其文之后段，且敝弃之（非吾所谓传其道解其惑者也。欲不言受业或授业）。韩氏因着重于'传道'云云，于'业'则非所重，殆犹是吾国士大夫之素习"。①相比之下，日本学者从山鹿素行到小原国芳的师道之论，则属为师之道。客观上由于中国古代师说以"非师者"中的"反师道现象"为批判对象，而小原国芳则针对教师中的"重术轻道、重利轻道现象"。倒是黄宗羲的《续师说》与《广师说》，对于"应试教育"风潮中的某种"名师现象"，至今仍不失警示的价值。

小原国芳的《师道论》，旁征博引，反复举例，却缺乏谨严的论证，以致其"师道"概念并未展开，惟其精神还可以领会。说得明白一些，便是以教师职业为自己的事业，对教师职业有敬畏之心，立志为教师职业的完善而坚持不懈地努力。这不是"师德规范"所能解决的问题。

## 四

如上所述，小原国芳的师道论，其"师道"概念并未展开，也就没有形成思路。他所提出的教师的信念和"师道"的内容，是他所倡导的"全人教育"，从而把"师道论"折入"教育论"。好在同时期杜威提出的"教师的职业精神"，倒有助于打开"师道"的思路。

①王承绪，赵端英. 郑晓沧教育论著选［G］. 北京：人民教育出版社，1993：229.

“师道”，原是根植于东方社会文化中的概念，萌生于西方社会文化中的杜威学说中提出的“教师的职业精神”，实相当于“师道”。

杜威于1919～1921年间在华讲学中，多次作过以“教育者的天职”“教育者的责任”为专题的演讲。其中提出了“教师的职业精神”概念。

他提出教育者的责任如下。

1. 对于知识应负的责任：教师不是把自己头脑中的知识“搬出来”教给学生，就算了事，“必定要培养一种兴趣，对于学问上有很大的热忱，有继续研究的精神，时时在知识改造中”“这种研究精神，是学生的精神，也是教育者应有的精神”。①

2. 对于学生应负的责任：“做教育者，如能对于学生有一致进行共同利益的观念，视学生的快乐就是自己的快乐，学生的进步就是自己的进步，那么，不但不以为苦恼，转觉得很快乐的了。”②

3. 对于社会应负的责任：教师“不但注意于学校以内，更当注意于社会。不但做学校的教师，更当做社会上一般人的教师、学生家属的教师。各个教员有这种意思，继续地做去，那么，中国前途很有希望”。③

由于教师的本职为教学，并在教学过程中教育学生，故每个时代都不致忽视教师掌握所教学科的知识。近代教育趋向发展学生的个性，相应地要求教师尊重学生个性，并为发展学生个性奠定基础；到了现代，逐渐意识到学生的个性，其实是个体社会化过程中显示出来的差异。学校教育旨在促进个体社会化。为此，就有必要沟通学校与社会之间的联系。相应地要求教师具有社会责任感。不仅使学校教育适应社会需要，而且主动为社会服务，以促进社会进步。

在这里，不仅反映时代潮流，赋予教师以社会责任，而且使教师

---

①②③袁刚，等. 杜威在华演讲集［G］. 北京：北京大学出版社，2004：568-570.

对知识的责任与对学生的责任获得新意。

杜威把上述教师应有的责任，作为现代“教师职业精神”的三要素。其实也可把它视为“现代师道”的三要素。

## 五

从杜威倡导的“教师的职业精神”到在实践中建立教师职业的价值标准与行为规范，经历了长期的探索过程。前面提到的全美教育协会1975年厘定的《教育专业伦理典章》（见表2），堪称现代教师伦理价值—规范体系的雏形。

**表2　教育专业伦理典章①**

——1975年为全美教育协会（NEA）代表大会所采纳

| | |
|---|---|
| **典章导言** | 因为相信每个人享有其价值和尊严，所以教师的第一天职即为求索真理，达至卓越，孕育民主。要达到这些目标，核心是确保学与教的自由，让每个人都享有平等的受教育权。为人师者的责任就是以最高的标准恪守这些伦理原则。<br>教师无不认为其责任蕴涵在教学过程之中。教师之所以要追求并维持高标准的道德行为，动机便是出于对同事、家长和社区的尊重和信赖。《教育专业伦理典章》既是全体教师的抱负，也为其行为提供了评判依据。<br>全美教育协会提出的具体条款及因为违反条款而应受到惩罚的补充规定具有全部法律效力。未经协会许可，不得擅自变更。 |
| **典章Ⅰ　对学生的义务** | 教师应努力帮助每一位学生，挖掘其潜力，实现其理想，成长为有价值的公民。因此，教师工作就是要激发他们的质疑精神，提高其理解和获取知识的能力，精心设计出有价值的目标。对于学生，教师的义务是：<br>1. 不应毫无理由地限制学生的独立学习和探索。<br>2. 不能毫无理由地阻止学生获得不同的观点。<br>3. 不能蓄意歪曲或压制学科知识，影响学生的进步。<br>4. 保护学生的学习、健康和安全，免受不利因素的影响。<br>5. 不应故意羞辱或贬低学生。<br>6. 不应歧视学生，包括种族、肤色、宗教、性别、民族、婚姻、政治或宗教信仰、家庭、社会和文化背景等。 |

①斯特赖克，等. 教学伦理［M］. 洪成文，等，译. 北京：教育科学出版社，2007：1－2.

续表

| | |
|---|---|
| | a）不得阻止任何学生上课。<br>b）不得剥夺任何学生的权益。<br>c）为学生提供任何便利条件。<br>7. 不应利用专业关系之便，谋取私利。<br>8. 不应泄露学生的任何信息，除非这种公开，有充分的专业理由，或者为法律所许可。 |
| 典章Ⅱ 对教育专业的义务 | 公众普遍认为教育职业是值得信任的，具有高度的责任感，这就要求教师具备最高的专业服务理想。<br>公众认为，教育职业的服务质量直接影响着国家的发展和公民素质的提高，教师应该尽力提升专业标准，积极营造氛围，鼓励教师进行职业判断的训练，创造条件吸引值得信任的人加入到教师队伍当中，力争将不合格的人阻挡在教育专业门外。<br>为了履行教育专业义务，教师：<br>1. 不应该在申请教师职位时故意作出虚假陈述或者故意隐藏与其能力和资格相关的事实。<br>2. 不应该谎报其职业资格。<br>3. 不应该帮助明知在性格、教育背景或者其他相关品质方面不适合做教师的人进入教师队伍。<br>4. 不应该故意对教师职位的候选人资格发表错误评判。<br>5. 不应该帮助不合格教师从事未经授权的教学活动。<br>6. 不应该利用工作之便公开同事信息，除非是出于专业需求或者为法律所允许。<br>7. 不应该故意对同事发表错误的或者恶意的言论。<br>8. 不应该利用工作之便公开学生信息，除非是迫于专业需求或为法德所允许。 |

在这个文本中，“导言”为教师应有的价值观念，即教师的伦理价值标准，相当于“师道”；“典章Ⅰ”的小序，为教师应有的学生观念（属“师道”），“教师对学生的义务”，为教师对待学生必须遵循的行为准则（属“师德规范”，基本上为戒律）；“典章Ⅱ”的小序，为教师应有的职业—专业观念（属“师道”），“教师对教育专业的义务”，为教师对教师职业必须遵循的行为准则（属“师德规范”）。从而形成教师伦理价值—规范体系的雏形。

在此典章的序言中，宣称“教师无不认为其责任蕴涵在教学过程之中”。即认定教师的本职为教学。主要在教学过程中教育学生，以本职工作尽社会义务。这是由于在现代社会中，已经形成发达的社会教育系统及其他公共服务事业。教师参与学校以外的公共事业或公益活动，属于个人自愿的事情。教师组织不宜就此对其成员作出强制性的规定。

## 六

综上所述，教师伦理价值—规范体系的形成，经历了长期摸索过程，才算有了一些头绪。如果以史为鉴，从中便不难看出我国在建构教师伦理价值—规范历程中有待解决的问题。

单从表面现象看来，我国古代主要关注“师道”，当时关注师道，是由于普遍忽视师道，如今通行“师德”，以致迄今尚未萌发构建包括师道、师德在内的教师伦理价值—规范体系的念头，这且不谈。真正的问题或许倒在于我们所谓的“师德”，到底是怎么一回事。

在我国，“师德”是教师教育中的必修课。可惜本人以往没有机会修习这种课程。也就不知道这门课程的老师究竟讲些什么，更不了解这种课程起了什么作用。好在从我国教育行政当局会同教育工会于1997年修订的《中小学教师职业道德规范》（见表3）中可以知道一些线索。

**表3　中小学教师职业道德规范①**

（1997年8月7日修订）

| | |
|---|---|
| 一、依法执教 | 学习和宣传马列主义、毛泽东思想和邓小平同志建设有中国特色社会主义理论，拥护党的基本路线，全面贯彻国家教育方针，自觉遵守《教师法》等法律法规，在教育教学中同党和国家的方针政策保持一致，不得有违背党和国家方针、政策的言行。 |

①教育部政策研究与法制建设司．现行教育法规与政策选编［G］．北京：教育科学出版社，2002：209.

续表

| | |
|---|---|
| 二、爱岗敬业 | 热爱教育、热爱学校，尽职尽责、教书育人，注意培养学生具有良好的思想品德。认真备课上课，认真批改作业，不敷衍塞责，不传播有害学生身心健康的思想。 |
| 三、热爱学生 | 关心爱护全体学生，尊重学生的人格，平等、公正对待学生。对学生严格要求，耐心教导，不讽刺、挖苦、歧视学生，不体罚或变相体罚学生，保护学生合法权益，促进学生全面、主动、健康发展。 |
| 四、严谨治学 | 树立优良学风，刻苦钻研业务，不断学习新知识，探索教育教学规律，改进教育教学方法，提高教育、教学和科研水平。 |
| 五、团结协作 | 谦虚谨慎、尊重同志，相互学习、相互帮助，维护其他教师在学生中的威信。关心集体，维护学校荣誉，共创文明校风。 |
| 六、尊重家长 | 主动与学生家长联系，认真听取意见和建议，取得支持与配合。积极宣传科学教育思想和方法，不训斥、指责学生家长。 |
| 七、廉洁从教 | 坚守高尚情操，发扬奉献精神，自觉抵制社会不良风气影响。不利用职责之便谋取私利。 |
| 八、为人师表 | 模范遵守社会公德，衣着整洁得体，语言规范健康，举止文明礼貌，严于律己，作风正派，以身作则，注重身教。 |

这个文件所列“师德规范”，共8条46款。实际上是8类46条规范。按理，作为普通教师，只能把明文规定的道德规范作为自己的行为准则，严格遵循，不得说三道四。好在近据报载，教育主管当局正在就进一步修订这个文本征求意见，也就不妨说一些看法。

1. 这个称之为“教师职业道德规范”文本中的条款，虽然条条都对，问题在于，它究竟能在多大程度上作为“道德的”规范，调节教师的职业行为。

道德，据《哲学大辞典》（上海辞书出版社2001年版）解释，其含义为“以善恶评价为标准，依靠社会舆论、传统习惯和内心信念的力量，来调整人们相互关系的行为准则和规范的总和”。依照这种解释，只有符合公认的善恶标准的规范，才称得上“道德的”规范。违背这种规范的行为，才可能受到社会舆论或个人良心的谴责。那么这究竟是怎样的道德规范呢？

一般说来，主要是针对已经发生或可能发生的“失德”行为的规范。即以戒律表示的规范。它属于道德的底线。这就可以理解，为什么从前述 18 世纪学校规程到 20 世纪全美教育协会《教育专业伦理典章》的教师道德规范，大都属于戒律。这些规范对所禁止的行为的表述，都比较具体，并不含糊，以防止规避这种戒律。而在我国现行教师职业道德规范中，只有 5 项戒律，占规范总数（46 款）的 11.6%。

惟其如此，近年来我国教师中发生的一些突出的涉德事件，如尹健庭解聘事件、“范跑跑”事件、“杨不管”事件等，当事人都曾受到公众舆论的谴责，而一旦对当事人作出严格处理，当事人反而受到舆论同情，这或许同我国师德规范较为含糊不无关系。

2. 以上是就习俗道德意义上的师德而言的。在这个意义上的师德是历史地形成的。它是所有教师都不可违背、多数教师不致违背的行为准则。惟其如此，触犯这种戒律的行为才可能受到公众舆论与个人良心的谴责。然而，这种习俗意义上的行为准则，毕竟只是师德的底线。随着时代变迁、社会进步，局限于习俗道德，也就不足以反映社会对教师的普遍要求和变化了的教育状况，故在不同社会—文化中，又提倡反映该社会—文化中核心价值的伦理道德与教育价值取向，相应地提倡教师伦理道德。

伦理道德与习俗道德的区别，在于它是提倡的行为准则。主要诉诸人们的信仰，尤其是诉诸理性。所以它首先是先进分子的行为准则。伦理道德的规范一旦成为人们普遍认同和习惯了的行为准则，它便成为较高水平的习俗道德。

隐含在教师伦理中的价值观念，可视为现代意义的“师道”。小原国芳正是把“师道”作为教师价值追求的东方文化的表达。杜威所提倡的“教师的职业精神”，用东方简明的语言表达，便是现代的“师道”。这种“师道”，正是“教师伦理道德”的精义所在。

我国现行“教师职业道德规范”中，除少数戒律外，多数规范都属于（或近于）伦理道德。如把它同全美教育协会《教育专业伦理典章》对照，那就不难发现，由于我国长期囿于“师德”视野，又忽视“习俗道德”与“伦理道德”之分、“师德”与“师道”之分、“道德规范”与“行政规范”（纪律）之分，尚未形成构建教师伦理价值—规范体系的自觉，故所列教师道德规范不得要领。

（原载《中国教师》2008 年第 21 期）

# 5. 关于教师“吃良心饭”

许国申君在《教育参考》杂志2009年2月号，按照自己对“良心”的理解，提出一个尖锐的问题：教师还要不要“吃良心饭”？据称：在现在，由于社会对教师“已经不再像过去那么信任”，以致“教师还要不要吃良心饭已经成了问题”。要论这到底是一个真问题还是伪问题，自然得从“良心”是什么谈起。

何谓“良心”？据《辞海》解释，它是指人们对自己行为的是非、善恶和应负的道德责任的自觉意识。惟这种解释未免失之空泛，同人们的“良心”体验和社会道德评价中“良心”这个概念的用法尚有距离。由于某种行为的是与非、善与恶的程度往往有很大的差别，不同的人道德义务感与价值追求又不尽相同，故人们对自己行为的是非、善恶和应负的道德责任的自觉意识，并不都能触动“良心”的体验。在社会道德评价或自我评价中，良心一般只同普遍的个人起码的道德义务相干。如，见死，可救而不救；见到别人非常严重的困难，自己可能帮助而置若罔闻，“有良心的人”事后便会受到“良心责备”。又如，自己可以不说假话而偏说假话，从而导致对别人难以挽回的伤害，“有良心的人”事后便会“良心发现”而自责。惟其如此，“没良心”“丧天良”才成为对“人格”的根本否定。由于各人道德义务感的水平不尽相同，有些人对自己行为的良心体验，可能高于通行的道德标准。

“教师是吃良心饭的。”这句话说得不错。其实，在社会各行各业中，哪一种职业不是“吃良心饭的”？就连失业者或无业游民，也得讲点“良心”。惟这种话主要适合于针对“丧天良”的人而论。故涉及教师的职业行为，不宜简单地拿“良心”说事。如果人为地拔高触及“良心”的那种标准，用以说事，说什么以往由于社会对教师“无比信任”，教师的良心才如何好法，而现在对教师不再那么信任了，以致对如今还有多少教师在“吃良心饭”发生怀疑。这难道是一个真问题么？

1. 以往学校中，在正常情况下，即在不同政治运动交替的间隙，教师中的风气确实不错。甚至可以说，“好”到一般教师远远超过“吃良心饭”的水平。那是一种什么水平呢？叫做“为人民服务”，并且是“完全、彻底为人民服务”“全心全意为人民服务”。不过，尽管那时一般教师的“善良之心”似乎已经提升到无以复加的水平，却忌谈“良心”。因为那时把“良心”列入“唯心主义”范畴。当时如果有哪一位教师，公然自称“我是吃良心饭的”，那就表示他同那时通行的教师道德标准保持距离。

2. 以往教师的良心为什么那么“好”？与其说出于“社会对教师的信任”，毋宁说是出于教育主管当局“对教师不信任”，很不信任。因为那时把教师视为“小资产阶级知识分子”，甚至是“资产阶级知识分子”“臭老九”。世界观有待改造，世界观必须改造。改造到什么程度呢？不仅要“为人民服务”，而且这种服务一要完全，二要彻底，三要全心全意。半心半意、三心二意还不够格。至于个人得失、个人正当权利、个人承担某种义务的可能性，充其量也只能放在次要的或可有可无的地位。不过，这倒不只是对教师的强求，而是对各行各业的要求，并且首先是对各级官员的要求。由于各行各业大致如此，官民大体一致，也就形成“人人为我，我为人人”（即“一人为人人，人人为一人”）的氛围。这样，一般教师也就不能不甚至还心甘情愿地接受对自己工作的过高要求。

3. 如今社会对教师“已经不再像过去那么信任”了么？这得具体分析。就教师的社会地位、待遇以及对教师的期望来说，试问：中国近代以来究竟有哪个时代达到如今这种程度的信任呢？不过就教师的职业行为来说，人们既有理由对教师的那种近乎苛刻的应试动作和各种并无教育价值的炒作表示怀疑，同时，有些人又反而对教师应试举措不力产生失望。然而试问：近代以来什么时候教师的工作负担与额外负担像如今这么沉重呢？这就是说，现今无论社会对教师信任也好、不信任也好，它们同教师的良心究竟有什么干系呢？

不过，作者提出的问题与作出的判断，虽然查无实据，用词不甚得当，倒也并非事出无因。其中所谓“你的良心值多少钱”和“还有多少教师在吃良心饭”，都不过是愤激之词。虽然可能引起对教师的误解，其实，从行文中倒还看不出作者对教师有非难之意。作者以及一些教师（其中包括他所提到的那位校长），无非是在沉重的应试压力下和纷扰的炒作环境中，正由于自己“良心发现”，才发出这种无可奈何的叹息！也只是叹息而已。

（原载《教育参考》2009 年 4 月号）

# 6. 教师对谁负责

以往，我总以平常心看待教师问题。即以教师是否履行自己的本职工作，区分教师是否尽职，是否称职。至于某些教师在媒体上吸引多少眼球，在官场上行走如何得意，那是另外的问题。那些仍列入教师编制的人们，只要承担的教学任务和履行本职的行为，不低于一般教师的平均水平，也就没有理由否认他们是教师。这就是说，既作为教师，起码就得承担教师应当承担的责任。读了姜霞芳、黄行福老师的《今天，对谁负责》（《教育参考》2009 年 6 月号）一文以后，才觉得自己的看法非常肤浅。他们追问的是：教师实际上对谁负责——对校长负责、对分数负责，还是对学生负责？这就促使我们对教师责任问题作进一步思考。

以往，在我看来，“教师对校长负责”与公立学校校长“对教育主管当局负责”，都是“校长负责制”题中应有之义。教师“对分数负责”和“对学生负责”，又是他们“对校长负责”题中应有之义，并不觉得其中有什么矛盾。读了这篇大作，才懂得：关于教师责任，不仅视其是否负责、对谁负责，还得看其究竟负的什么责、如何负责。这样，才能进一步明白：就连教师的负责行为中，也还存在着正当与失当、公心与私欲、有益与有害之分。

这篇文章之所以深刻，道理并不复杂。

1. 明“负责”一词与“负责”概念之分。尽管任何概念都是用语词表达的，由于语词毕竟是一种符号，同一语词可以指称不同的对象，也就可以表达不同的概念。所以不能简单地认为凡是称之为“负责”的行为都是真诚的、正当的、有益的。重要的是看“负责”一词指称的是什么行为，所指称的行为具有什么意义与价值。

此文由此出发，根据有些教师在校长面前的行为与在校长背后的行为，来区分“负责”的真伪；根据追求分数的动机与效果，来区分“对分数负责”的利弊。即使是“对学生负责”的行为，也得看教师对学生是否偏爱、是否歧视、是否有助于学生的成长。

2. 以教师本职工作为判断教师负责的标准。从表面上看来，上述种种行为都具有“教育行为”的外观。恐怕其中有些行为，只能用另外的名目表达。作者能够透视种种“负责”现象的实际含义，正由于他们以教师本职工作为判断各种“负责”现象的标准。话虽如此，一旦遇到实际问题，不免又犯嘀咕。

（1）教师即使打算对校长及教育主管当局负责，也得看其上级到底要他们负什么责。尽管谁都明白教师以教学与教育为本职，在教学与教育过程中对学生负责，然而教师为了履行本职，是不是有权回避或拒绝对同本职无干的事情承担责任？他们是否承担得起因拒绝旁骛而导致的后果？如果本职与非本职之间存在解释的空间过大，那么教师的责任还分得清楚么？

（2）教师即使为学生考虑，落入“应试教育”的旋涡，算不算对学生负责？反之，在如今这种应试大局未变的状态下，教师若不为学生应试准备提供足够的帮助，能算是对学生负责吗？

（3）说到教师对这负责，对那负责，那么教师要不要对自己负责呢？问题是教师怎样才算是对自己负责。如今提倡张扬个性，说什么“我的教学我做主”。且不说教学能否自主属于体制问题，即使实行“教学自治”，也得看教师到底做的什么“主”，教师授业的正当性如何，有效性如何，仍少不得接受检验与监督。

看来，“教师对谁负责”，不说它，并不觉得不明白。一旦稍微认真一点说起来，反而落入五里雾中。然而不提教师职业便罢，提起教师职业，这倒是一个含糊不得的话题。

（原载《教育参考》2010 年 8 月号）

# 7. 现今教师的明星梦

以往，通常以园丁或蜡烛为喻体，张扬教师职业（本体）的价值，颇得到教师和公众的广泛认同。其中园丁隐喻揭示教师像园丁培育花朵那样精心培育学生的辛勤劳作。蜡烛隐喻凸显教师燃烧自己、照亮别人的献身精神，借以彰显教师职业的崇高。

进入工业化时代，一座又一座高楼大厦、一批又一批工厂拔地而起，道路、桥梁四通八达，昭示工程师设计计算或指导施工的劳绩。工程师遂成为公众羡慕的职业。于是，在教师中又以“工程师”为喻体，流行“人类灵魂工程师”隐喻。谁都知道，人类精神的塑造，既比改造物质世界艰巨，似乎又比改造物质世界的工程师更加崇高，故这个教师隐喻一度比园丁隐喻、蜡烛隐喻更有魅力。然而，随着星移斗转，教师价值观念在变化中。以往那些教师隐喻已经渐渐失去原先那种吸引力。代之而起的，是新的教师比喻迅速流传。

原先那些教师隐喻为什么趋于失色呢？

教师劳作原不像园丁那样容易得到可见成效的反馈。何况在现代“一师多生、一生多师”格局中，师生之间“一对一”的影响已经较为模糊。

教师点燃了自己，如果确知照亮了学生，倒也甘心。若是很难从学生身上察觉自己发出的亮光，有些教师也就难免对一味点燃自己是否值得发生怀疑。

如今，工程师不过是中级职称，并不比教师职业更加令人羡慕。“工程师”之于教师，也就不再具有喻体的意义。

那么，现如今更加动人的喻体是什么呢?

这年头，歌星、球星、笑星、影视明星以及名嘴，借助于媒体的商业化炒作迅速走红。其中有的红得发紫，有的紫得发黑。就连专家、教授也不甘寂寞。其中“新说书”的名嘴，人称“学术快男超女”，或“学术明星”，更名噪一时。在如痴如狂的热闹场边，教师中默默奉献的园丁当不在少数，在塑造学生灵魂的大工程中，烛影摇红的教师更是大有人在。只怕相信此道的人将越来越少，其中的追星族或越来越壮大。教师虽然不一定像自己的学生那样，追逐什么歌星、球星，而是追逐教师中的明星，并使自己成为所谓“名师”，自然可以理解。以致风靡教育界的“名师工程”，应运而生。

“名师”也者，教师明星是也。这不是教师隐喻，而属教师“明喻”。原来比喻有两类：用在形式上和本体相合的事物，作为喻体，借以揭开本体的意义与价值，称为隐喻（如“园丁隐喻”“蜡烛隐喻”）；用在形式上和本体（教师）相似的人物（如歌星、球星），作为喻体，借以张扬本体的意义与价值，是为明喻。名师便是以明星为喻体的教师明喻，同时又是一种荣誉称号。“一举成名大下知”，岂不快哉?

现如今，年轻教师见到涉足娱乐圈、竞技圈中的那些当红的同龄人，一个个在“星光大道”上声名鹊起。其中有某种背景的幸运儿，甚至一夜成名，身价陡然大翻N番。尽管为人师者也许对某种低俗不屑一顾，然而，有些年轻教师如就学历、教养、勤奋，甚至才华，同其中一些人比上一比，即使不在乎“出场费”，单看名气上的悬殊，心理上就可能失去平衡。依此看来，如今教育主管当局中的能人，刻意打造名师，看起来既顺应人心所向，又紧追了大势所趋。

本来，教师中间历来讲求清高，总怕担追名逐利之嫌。如今“名校”共“名校长”一色，“名师”与明星齐飞，合为响当当的“三名工程”。这样，为“名校”打造“名师”，为“名校”争当“名师”，既顺理成章，又心安理得。这种史无先例世无前例的高招，堪称一绝。

困难在于，在称做“学校”的这种职场，同娱乐圈、竞技圈之类的名利场，职业环境不同，职业活动异趣。

1. 学校虽然也属于“公共教育机构”，它同医院、影院、剧场、体育场开放程度有别，同各种传播媒体的开放程度更无法相比。这是由于学校中，教师作为服务主体，为列入编制的人员，其服务对象为具有学籍的学生。故在一定教学周期，教师和学生之间的关系相对固定。单就正常的教学关系来说，教师也就不可能像各路明星那样，“粉丝”如潮。惟各类明星虽能招惹少男少女如痴如醉，他们同其服务对象之间的联系，毕竟是暂时的、松散的、不稳定的，甚至转瞬即逝。然而，即使是普普通通的教师，只要尽职，都具有社会公认的理应受到学生尊重的身份。至于各路明星，人们只对其中星光更加炫目者，才谬称（或不算谬称）其为“老师”。

2. 各路明星提供的，是受众选择性的服务。教师提供的，才是学生成长必不可少的服务。只是各路明星的表演或表现，虽可能得到喝倒彩的待遇，倒经常能够获得满堂彩。而教师服务的成效却很难立竿见影。这是由于学生的成长，既是各种复杂动因所致，又是一个较长时期的过程。自然，当事人（包括同事和学生）也能凭直觉或经验从不同教师的比较中，区分教师职能活动的成效。只是教师要使其影响像各路明星那样扩大，恐怕除了在正常职能活动以外另辟蹊径，只有苦苦等待幸运的降临了。

这是由于教师毕竟受职业环境和职能活动特点的限制。即使是非常出色的教师如果无法招惹官府视听，不善于投合书商口味，未经各路媒体放大，很可能同“名师”失之交臂。世事如此，尽管如今的“名师工程”为有出息的教师铺了进身之阶，有些非常敬业、非常出色的教师，如果未能发出星光，恐怕也得反省自己。不去吸引别人的眼球，怎么博得众粉丝的青睐？

在影视界，有明星，也有演员，还有艺术家。我这个外行，原来以为明星都堪称演员，最近在“风言锋语”节目中，据上海戏剧学院表演系人士称，这所学院“只培养演员，不培养明星”，语气非常坚定。也算是开了眼界。由此触类旁通，明白我国教育界，除了少数冲出课堂、冲出学校，冲向官场、商场的名师以外，还有教师，还有校长，很可能还有教育家。

不管世道如何变迁，“老师”毕竟总是尊称。老师，敬业的老师，有必要放低自己的身段么？

（原载《民办教育新观察》2010 年第1–2合刊）

# 8. 如此“名师研究”

《教师月刊》创刊号，刊载余映潮的《研究名师，发展自己》一文。由于自己对中国的“名师”知之甚少，读了这篇大作，也算是开了眼界：原来在我们国家，还开辟出一个“名师研究”的专门领域。

据称，研究、学习名师可以“少走好多摸着石头过河的路，少走好多羊肠小路，少走好多终得退回来的路”。明乎此，也就更想知道：学习名师的康庄大道何在？

据介绍，以下研究名师的角度和方法，“都是可行的”。这就是：观摩（具体陈述从略，下同）、收集、收藏、摘抄、评说、提炼、综述、比较。如此研究，又“贵在长久，贵在深入，贵在品味，贵在提炼”。

读罢，自己的头脑骤然糊涂起来。产生一串剪不断、理还乱的念头。

1. 一个教师如果认真地照这样去研究名师，那么，他还剩下几何时间与精力当教师，还有多少时间与精力用于研究教材、研究学生、研究教学过程？

2. 反之，一个教师如果不照这样做，而把像余老师那样，用于研究名师的时间和精力，用于研究教材、研究学生、研究教学过程，那就有可能成为敬业的教师。然而，在当今这个世道，敬业的教师如果不善于拿本职工作炒作，或在本职之外炒作，到底有多大可能成为“名师”呢？

3. 此文限于篇幅，只着重介绍研究名师可行的“角度和方法”，并未细说用如此角度和方法研究名师的结果。即这个或那个教师到底是如何成为名师的。由此不免发生疑问：难道那些研究对象是经由这种“研究名师”的康庄大道才成为“名师”么？

4. 然而，只要看看中国如今的现实，就没有足够理由怀疑余老师设计的名师之路的可行性。因为像他那样执著的研究，至少可以编出“名师教例品评N篇”“名师教学艺术X讲”。

且不说教师自己教学的成效何等卓著，单凭这类“研究成果”，何愁不在教师群体中脱颖而出？

再细细一想，才忽有所悟：原来在我头脑中打转的，只是一个小小的“师”字，被我忽视的，是如今更能吸引眼球的那个响当当的“名气”。

如今，“星光大道”光怪陆离。什么歌星、球星、影视明星、超女快男、学术明星以及荧屏名嘴，纷纷扰扰。有的红得发紫，有的紫得发黑，引得万千“粉丝”发狂。世态如此，在发狂的娱乐圈、竞技圈和发热的商场、火爆的官场一旁，再期待成千成万的中小学教师，尤其是其中的年轻人，仍像往常那样每日每月默默地作难见成效的奉献，似乎有点不合时宜。于是，热热闹闹的“名师工程”应运而生。既然“打造名师”，自然也就少不得“名师研究”给力。

名师研究者余映潮，似乎对上海的“名师”特别关注。虽然上海的教师或不屑于像余老师那样“坚持数年”研究名师。不过，就“打造名师”来说，上海市教育主管当局，并不甘心让别的地区专美于前。他们的“名师工程”不也是频频出招么？

不过，话得说回来。如今那些“打造名师”的招数，大都未脱“摸着石头过河”的俗套。把师资管理与教师进修的重点，从对成千成万普普通通教师的关注，转向教师中的尖子。把对教师尖子关注的重点，从本职本分转向名分名气，至多只能算是权宜之计。如果不及时准备“终得退回来的路”，恐怕只能算是无路可走了。

别误会！这里说的只是“名师研究”，非指“名师”本身。是师资管理与教师进修的重点，不是别的什么事情，不完全是指“打造名师”本身。总之，老哥说的不是名师，老哥玩的也是寂寞。

（原载《民办教育新观察》2009 年第 10 期）

[附录]

## 研究名师，发展自己

余映潮

研究名师的重要意义在于感受本学科教学理念、教学观点、教学研究、教学实验、教学艺术的前沿。

研究、学习名师，可以让我们少走好多摸着石头过河的路，少走好多羊肠小路，少走好多终得退回来的路。

我曾坚持数年，研究过中学语文界的众多名师。

特别是上世纪 80 年代上海的一批名师，可以说他们被我“尽收眼底”，即使是上海本地的老师也没有像我这样研究过他们。在我的心目中，这是何等雄奇壮丽的队伍啊，这是何等才华横溢的队伍啊！名师研究贵在长久，贵在深入，贵在品味，贵在提炼。

以下研究角度与方法都是可行的：

观摩，观摩名师的现场教学或教学录像。

收集，收集某位或某些名师的各类作品，进行阅读与探究。

收藏，收藏名师们特别经典的论述或案例，以作长时间的揣摩、感悟、品味。

摘抄，摘抄名师的名言和精彩的教学片断，缩写著名案例的主体内容。

评说，对名师的教学模式、教学观点以及课例进行评论或批评。

提炼，提炼名师的教学特色、教学风格，教学技艺中的精华。

综述，从宏观的角度对名师的思想体系、教学体系、教学风格进行评介。

比较，或从纵向、或从横向对名师群体进行比较研究。

……

我坚持得最好的地方是尽可能地多形成书面上的研究心得。不仅仅是从理性上提高自己，更从中提炼出诸多知识精华、思想精华。

我超越名师的突破口就在论文和课例上：大量地撰写实用性的教学论文，用大量的课例支撑我的教学艺术的观点。

用“大量”来表现“力量”，这或许是奋斗之路上的一个警示语。

（《教师月刊》2009 年 7 月创刊号）

# IV 早期教育的迷途与回归

早期儿童的教育对于他们以后的才智与个性的发展无疑是重要的。现代心理生理学和日常的观察都证明了这一点。然而当前的教育体系却往往表示出仿佛这个阶段是与它们无关的。

——联合国教科文组织国际教育发展委员会：

《学会生存——教育世界的今天和明天》

# 1. “及早教育”的先见

“及早教育”，是指使儿童尽早受到教育。它是几千年来教育儿童的经验之谈。在中国，早在南北朝时期就有“教妇初来，教儿婴孩”的俗谚。自古以来，也有不少著名教育家对这个问题作过论述。如今，我国相当多的家长出于对子女及早成才的期望，不惜代价地致力于对子女智力的“早期开发”。且风传外国早有“0～8岁早期儿童发展计划”，不少专家也积极推波助澜。不过，关于“及早教育”问题，经验之谈与教育家的睿智之间颇有距离，甚至南辕北辙。其差别在于前者所谓“教育”，是一个泛化的概念。教育家，尤其是近代以来的教育家，由于把握“教育”的本义，一般并不侈谈“及早教育”，反而力陈“过早教育”“过度教育”之弊。只是人们往往在泛化的“教育”含义上，把不少教育家的某些言论简单地归结为“及早教育”。自然，教育家的见识还有待发展心理学的验证。于是，这便成为一个有待澄清的问题。困难在于，迄今为止对早期儿童（0～8岁）的心灵世界知之不多，这里只拟就这个问题发表一点粗浅的意见。

一

儿童的心灵世界，涉及认知、言语、情绪、情感、意志、性格等心理成分。他们的内心活动见诸行为，还存在行为习惯问题；儿童出生后，又不可避免地在一定社会—文化影响下，经历个体社会化的过程，从纯粹自然的个体逐渐成长为正常的社会个体。在这个过程中，他们的各种心理特性获得了社会—文化的内涵，成为社会心理。社会心理的外显，便成为社会精神现象。早期儿童的发展，既受遗传基因、外在环境影响的制约，也同成年人对他们的教育相关。人们常说，“人是教育的动物”“通过教育才能使人成人”。就个体社会化过程来说，这种说法有一定道理。只是在这种说法中，“教育”是一个笼统的概念，它把环境影响、成年人对儿童行为的管理也涵盖其中。采用广义的“教育”概念，虽未尝不可，一旦涉及“及早教育”，那就不能不对所谓“教育”具体分析。

通常往往把训练（习惯或技能）、管理（行为）、教学（知识）、培养（品性）都归为“教育”。且不说“训练”“管理”“教学”有别于严格意义的“教育”，由于这些不同的“教育”措施，其有效性不免受儿童身心发展水平制约，故它们各自从什么年龄开始实施为宜，不能一概而论。且从若干著名教育家有关“及早教育”的见解谈起。

在从古代社会到近代社会转变的初期，夸美纽斯在《大教学论》中，提到“人最容易在少年时期去形成，除了这种年龄就不能形成得合适”。他所谓“少年时期”，实际上是指“年少时期”。他曾列举6点理由加以说明。①其中值得注意的理由是以下几点。

1. 品性的形成，宜“及早开始”。因为人生不应该消耗在学习上面，而应该消耗在行为上面。由于在合适地学好功课以后，品性的形成可能被学习功课所耽误，故须抓住学习功课以前的时机，注重品性的形成。

2. 按常理，一切事物的本性都是娇弱的时候容易屈服，容易形成，而长硬以后就不容易改变了。“只有在儿童时代，筋肉还能接受

---

①夸美纽斯. 大教学论［M］. 任钟印，译. 北京：人民教育出版社，1984：44-47.

训练的时候，手和别的部分才能施以训练，作出熟练的动作”。这种道理，既适用于技艺的训练，也适用于信仰、德行与智慧的形成。

3. 在人身上，唯一能够持久的东西，是从年少时期吸收得来的。“在一个人身上，头一次的印象是粘附得非常坚实的，只有奇迹才能消灭它们。所以，最谨慎的办法是，在很小的时候，就去把人形成到合乎智慧的标准。”

4. 清洁的习惯也须及早养成。“因为当外部感官开始发生作用的时候，人的心理是不能保持安静的。如果不去从事有益的事情，就会去从事最无用的，甚至是有害的事情”；一旦养成不良习惯，再改变就相当困难了。

不过，“及早教育”是一回事，“适当的教育”则是另一回事。夸美纽斯在《母育学校》一书中还谈到：婴儿的脑壳尚未紧合，而在五六岁以前，脑还是不凝固的。所以“对于这种年龄的儿童，使其在游戏中自然地、不自觉地来感知事物，也就很够了”。早开花的树反而凋谢得快，而晚一点开花的树却得到较大的力量和耐久性；早熟的果子只能当天有用，却不易保存，而晚熟的果子却可以常年保存。“有些儿童的自然能力早在六岁五岁或者甚至四岁以前就表现出来，但是与其让它发挥，远不如加以限制，更坏的是刺激它”，“有的父母用异乎寻常的办法，希望在罕有的时机下，尽早地得到哲学博士学位，但他们经常只能得到文学士学位，而通常又是一个愚人”。①

且把上述理由作为讨论“及早教育”“过早教育”问题的基础。

①夸美纽斯．母育学校［G］//任钟印．夸美纽斯教育论著选．任宝祥，等，译．北京：人民教育出版社，1991：67－68.

## 二

关于早期儿童品性的形成，其中“品性”，是个人品德与行为方式的泛称。正如“品德”不只是个人偶然的道德或不道德的行为表现而是个性（人格）中的稳定特征一样。其中所谓“行为方式”，也不只是某种行为表现，而是习惯了的行为方式。虽然个人的品德一般都在行为方式中显示出来，故有良好行为与不良行为之分，不过，个人的行为方式也可能与品德无干，而只是习惯动作，或某种心理特征在行为中的显示。然而，即使是不涉及道德评价的行为方式，若涉及人际关系，也存在是否适当的问题。这样说来，品性的早期形成，实际上涉及品德能否及早形成与良好的行为方式能否及早形成两个不同的问题。

品德是指社会道德规范在个人身上体现出来的比较稳定的倾向。由于品德是在一定社会环境中习得的，是个体所具有的道德价值观念不断内化的产物，关于品德及早形成问题，就同个体对道德问题的理性判断能力相关。惟其如此，卢梭对及早进行道德教育予以否定。依他之见，“只有理性才能教导我们认识善和恶。使我们喜善恨恶的良心，尽管它不依存于理性，但没有理性，良心就不能得到发展。在达到有理智的年龄以前，我们为善和为恶都不是出于认识的；在我们的行为中无所谓善恶，尽管有时候在感情上能对别人涉及我们的行为分辨善恶”①。卢梭的这种见解，从皮亚杰关于“儿童的道德判断”的考察结果中可以得到合理的解释。

皮亚杰发现儿童道德判断的发展有一定的合乎逻辑的程序。其中包括四个阶段，即自我中心阶段（2～5岁）、权威阶段（6～8岁）、

①卢梭．爱弥儿［M］．李平沤，译．北京：人民教育出版社，1985：51．

可逆性阶段（8～10岁）及公正阶段（11～12岁）。儿童在2～5岁时，往往自己同自己玩，按照自己的想象执行游戏规则。因为那时他们还未能把自己同外在环境完全区别开来，而把外在环境看做是他自身的延伸，规则对他还不具有约束力；6～8岁时，开始尊敬与顺从外在权威，但把规则看做是一成不变的，表示他尚处在他律阶段；8岁以后才逐渐从他律到自律。惟其如此，对早期儿童进行“道德教育”，其成效是微不足道的。

虽然过早进行道德教育是徒劳的，然而正如卢梭所说，良心并不都依存于理性，早期儿童从感情上亦能区分善恶，故通过适当的环境影响、示范和管教，使儿童从小怀有善意，萌生良心，节制恶意，不仅必要，亦有可能。只是这种示范或管教还算不上“道德教育”。

不过，在斯宾塞看来，儿童即使是在道德上早熟也是不必要的，甚至是有害的：“不要希望儿童有任何大量的美德”，不仅给儿童提出一个善良行为的高标准是不聪明的，就连很急于促成良好行为也不聪明。“多数人已经承认智慧上的早熟结果有害，可是还需要承认道德上的早熟结果也一样有害”，“我们的较高道德能力同我们的较高心智能力一样，是比较复杂的。结果在演化上两者都比较晚。而用刺激去提前引起这两种较高能力的活动，都会使日后的性格吃亏”①。

## 三

关于早期儿童习惯的培养。习惯，指的是由于重复或多次练习而自觉或不自觉地形成的较为稳固的行为方式。《尚书·太甲上》早有“习与性成”之说，意思是长期养成的习惯会形成性格，贾谊所谓“少成若无性，习惯如自然”（《汉书·贾谊传》）亦是此意。惟其如

①斯宾塞．教育论：智育、德育和体育［G］//斯宾塞教育论著选．胡毅，王承绪，译．北京：人民教育出版社，1997：153-154.

此，历来提倡“及早教育”的理由，多与使儿童及早养成良好的行为习惯、及时去除不良行为习惯相关。

习惯有好与坏、良与不良之分。不过，判断习惯好与坏、良与不良，并非都以道德标准衡量。有些习惯了的行为（如偷窃、捣乱、不良嗜好），成为道德判断的对象，属于品性问题；有些习惯虽不违背公共道德，但不得体，如咬指甲、挖鼻、插嘴、衣帽不整洁等，属不文明的行为；此外，还有一些个人的习惯动作与刻板生活方式，只要不致妨碍别人，在宽容的社会，一般尊重个人的选择，家长也该关注。

由于良好的行为方式须经反复练习才能形成习惯，而不良的行为习惯一旦养成，却难以改变，故须及早注意儿童的习惯；同时，因习惯不涉及理性，也就可能及早对儿童的行为习惯施加影响。

不过，卢梭却认为“应该让孩子具有的唯一的习惯，就是不要染上任何习惯”①。似乎就连良好的行为习惯也无须养成。其实，他所指的习惯，主要是个人的习惯动作（如习惯用左手或右手）和刻板的生活方式（如按时吃饭、按时睡眠、按时活动等）。他的意思是，固定的行为方式与生活习惯，可能成为对人的束缚，一个拘泥于习惯的人不易适应环境的变化。

如果说夸美纽斯以及尔后的许多教育家关于及早培养习惯的见解，同自古以来的见识比较一致，那么卢梭的独到见解着眼于培养个性自由的品格，颇有新意。只是一个人若不形成一定习惯，势必在日常生活中随时都得动脑筋作出选择，将生活得很累；何况从小形成良好的习惯，比较容易，长大以后，由于环境多变，个人思想日益复杂，好习惯难于形成。由于没有形成好习惯，也就容易习染坏习惯。

---

①卢梭．爱弥儿［M］．李平沤，译．北京：人民教育出版社，1985：44.

## 四

关于早期儿童技能的训练。技能，指运用一定的知识、经验通过反复练习而形成的一定活动的稳固的能力。如书写、绘画、唱歌、弹奏乐器、舞蹈、体操、游泳、手工制作等技能。其中每一项活动都有赖于身体不同部位一连串动作的互相配合与协调，故适当的动作技能训练，有助于儿童身体各部位协调发展和身心协调发展，且一般技艺及初步动作技能，较少依托理性判断能力，故有可能及早训练。

不过，技能训练要求适度，训练得法，才有成效。这是由于人的各种器官的机能各有一定的成熟期，过早、过度训练，容易引起疲劳，并可能导致机能损伤，使儿童在挫折中丧失信心。日本铃木镇一曾说："能力的培养如同酵母慢慢发酵一样。每个人因处的条件不同，其各种能力都各有一定的成熟期，因而其速度快慢与能力大小完全是两码事"，"当能力还未达到成熟时，就想进入下一个阶段，这种骄傲自满情绪或急于求成的做法，会使好不容易含苞待放的能力枯萎下去"①。

## 五

许多教育家都反对"过早教育""过度教育"，却赞成对儿童"及早管教"。所谓"管教"，或管束，是指对儿童行为的管理。

中国南北朝时期，颜之推著有《颜氏家训》。人道是"古今家训，以此为始"。其中提到："当及婴稚，识人颜色，知人喜怒，便加教诲，使为则为，使止则止。比及数岁，可省笞罚。父母威严而有慈，则子女畏惧而生孝矣。"他所谓"使为则为，使止则止"，便是管教

①铃木镇一．早期教育与能力培养［M］．刘孟州，张锁柱，译．石家庄：河北人民出版社，1997：13.

的意思。由于及早管教，儿童举止一旦合乎规矩，以后便“可省笞罚”，用不着多管教了。洛克的“及早管教”之论，大体上也是这个意思。他说：“我觉得一般人教养子女有个重大的错误，就是对于这一点没有及时加以充分的注意。精神在最纤弱、最容易支配的时候没有习于遵守约束，服从理智”，“凡是有心管教儿童的人，便应该在儿童极小的时候早早加以管教，应该使子女服从父母的意志”，“他小时便是你的一个顺从的臣仆（这是合适的），长大了又是你的一位贴心的朋友了”①。

康德也赞成对儿童“及早管束”，不过，在他看来，管束的要义在于“将兽性转变为人性”。既然如此，也就得防止使管束变成奴化训练。基于这种考虑，他认为“教育上的一个最大的问题是，怎样把顺从必要的约束与儿童运用自由意志统一起来”。那么，在约束之下怎样发展人的自由观念呢？他对这个问题的回答是：既使儿童“习惯于容忍对自由的约束”，同时，又要“引导他们正确地运用自由”。进一步问：怎样具体处理约束与自由的关系呢？他提出的处理这种关系的准则有以下几点。

1. 让儿童从童年最早期起，各方面都完全自由（对他自己造成伤害的行为除外），不过，个人自由“以不妨碍他人的自由为前提”。

2. 告诉儿童，“只有容许别人达到其目的，他才能达到自己的目的”。

3. 向儿童证明，“只有对他加以约束，他才可能及时地学会正确地运用自由”，“陶冶心灵，是为了他将来可以自由，也即不依赖别人的帮助”②。

---

①洛克. 教育漫话［M］. 傅任敢，译. 北京：教育科学出版社，1999：20，25.

②瞿菊农. 康德教育论［M］. 北京：商务印书馆，1934：20－22. 这里采用的是黄向阳博士未刊译文。

可见合理的“管束”，指的是对儿童妨碍别人自由的行为的约束；所谓“自由”是指在不妨碍别人自由前提下的自由。

一旦儿童习于遵守约束、服从理智，便应以教导代替管教或管束。这就是说，管束不妨及早，却不宜于过多延伸。

## 六

涉及“及早教育”“适度教育”问题，困难在于何谓“及早”，何谓“适度”，至今还缺乏充分可靠的依据加以限定。

在现代，虽然公认儿童发展有一定的客观规律，问题是，迄今为止对这种规律的发现，研究成果还相当有限。不过，现在已有的不少研究成果表明，如今对早期儿童发展的认识，已经超越前人的经验之谈与形而上学的推断而具有一定科学性。例如，格塞尔从 1916 年起，即进行了一项 5 岁以下正常儿童发展的研究，1925 年又对 50 名儿童在 10 个不同月龄（出生、4 个月、6 个月、9 个月、12 个月、18 个月、24 个月、36 个月、48 个月和 60 个月）的发展进行了追踪研究。对他们的动作发展、语言发展、适应性行为和社会行为四个方面进行了心理检查和观察调查。在此基础上制定了包括近 150 个项目的“发展时间表”，形成发展心理学上的“自然成熟论”①。按照“自然成熟论”的观点，儿童身心发展变化受机体内部的生物基因固有的程序所制约，外部环境虽然对发展具有一定影响，但它无力改变机体成熟的步伐。儿童成熟到一定时间，便会表现出一定机能。如果儿童到一定年龄或月龄尚未表现出这个年龄或月龄可能形成的机能，那就表明这个儿童可能存在心理障碍或缺陷；反之如果在儿童某种机能尚未成熟时，提前加以训练，其结果表明这种尝试是徒然的。

①朱家雄．学前儿童心理卫生［M］．北京：人民教育出版社，1994：56.

弗黎兹还从对动物的观察与实验中发现“发展敏感期”或“敏感年龄”现象，并把这个概念引入心理学。意思是个体发育中的某个时期，对某种环境影响特别敏感。只有在这个时期才对这种环境影响产生积极反应，早于或晚于这种“敏感期”，都将是无效的。维果茨基把这种“敏感期”（发育点），称为“最佳学习期限”①。如果发现由一系列“敏感期”构成的儿童自然成熟内部时间表，早期儿童教育问题也就迎刃而解。不过，儿童自然成熟过程仍是有待继续探索的课题。

正由于迄今为止对儿童自然成熟过程的了解还是初步的，而某个儿童的发育过程同儿童自然成熟的一般进程又可能有一定差异，故关于早期儿童教育，尤其是知识灌输与技能训练，与其冒进，不如因势利导，循序渐进。因为过早教育、过度教育将冒损伤儿童潜在能力的风险。

①维果茨基．学前教学与发展［G］//维果茨基教育论著选．余震球，译．北京：人民教育出版社，1994：380－381．

## 2.“儿童早熟”的警示

每个孩子的父母，不仅“望子成龙”，而且希望自己在养育子女上的一番辛劳早点见效，至少希望自己的孩子比其他同龄孩子更加优秀。故只要条件许可，总不惜一切代价，参与对孩子智力投资的竞争。即使有困难，勉为其难，也在所不惜。这属人之常情，况且，这种投资在自己或别人孩子身上还可见效。于是，让孩子一岁识字，两岁会算术，三岁四岁背唐诗、讲英语。有些孩子，小小年纪就拿到英语、计算机、钢琴、美术以及其他各种名目的证书，更有出类拔萃的中学生，获得国际奥林匹克科学与工程奖牌，或音乐、美术、体育之类的成就，从而使家长、教师备受鼓舞，刺激人们更加起劲地参与智力投资，或其他各种投资竞争。再加上另外一些说得清或说不清的原因，遂在儿童、少年中出现早熟现象。

儿童、少年以至青春期的年轻人，被称为“未成年人”。“未成年人”同成年人的区别，正在于他们的身心发育尚未成熟，故未成年人不成熟的表现属正常现象。孩子的身心发育如与多数同龄人有别，可能有两种情况，一是异常表现，即超常发展，它仍属正常状态；一是反常表现，或发育不良，或发育亢进，属已经显现、尚未显现的缺陷、病根。困难的是，身心发育的异常表现与反常表现一时很难区分。因为人的潜在能力与潜在的缺陷或病根是逐步显示出来的。正常的潜力若不及时开发，固然可惜，而潜在能力如过量开发，又将埋下病根。一旦暴露，再矫治，或相当困难，或不可能根治，将后悔莫及。所以，养育孩子，其中包括智力开发，确是一种风险投资。正像市场交易一样，不冒一定风险，就别想发大财，既敢冒险，那就不一定不赔本。只是拿孩子的命运去冒险，值得么？

不过，如今儿童智力早期开发，据说已经成为一种时代潮流。发达国家儿童早期开发的研究与实施，仿佛已经为我们开了一个保险公司，只是一则我们对这种保险公司知之甚少，经某些专家转手，又经广告张扬，其中的消息未必可靠；再则在发达国家，儿童早期智力开发，迄今仍带有试验性质，是试验，总不免带有风险性质，还说不上已经形成“时代潮流”；三则西方国家，尤其是美国，基础教育的知识水准甚低，而中国基础教育的知识成分与学生负担已经过量。更重要的是，自18世纪中叶以来，西方国家教育界曾经经历一个漫长的鼓吹儿童“自然成长”“个性自由”的理性时代，而我国一代又一代的成年人，一直没有普遍受到这种理性的熏陶，故中国如今所谓“儿童智力投资”，仍带有一定的盲目性，同别国儿童智力早期开发的构想与具体实践，恐怕不可同日而语，其效果也不尽相同。

说到让儿童早点识字、会算、弹琴、作画有什么风险，总难令人置信，如说早期智力开发一定成才，也无切实根据。盖因教育科学、心理科学、脑科学虽然发展神速，只是至今尚未提供足以判断这种是非的可靠根据；即使诸如此类的科学再发达，也难据以判断这个或那个孩子如何发展为宜。因为科学规律之所以成为“规律”，是普遍的具体现象的抽象，它舍弃了我们自己的孩子或学生成长环境与身心发展的具体情况，故对广告招徕或媚俗的“学术著作”的“科学宣传”，不宜听到风，就是雨。别人对孩子智力投资的可见效果，在自己孩子身上却未必适用。因为别的孩子还在成长中，其经验成功与否，尚属未知之数。我们已有的常识是，譬如赛跑，起步快的运动员，未必是冠军的获得者。“谁笑在最后，他才笑得最好。”

然而，我们是不是板着脸等待10年、20年以至30年后的那一笑呢？谁也不会那样想。只是如果因对最后的那一笑过于痴迷而强使孩子同我们一道陷入盲目性，终究带有冒险性。如此说来，家长和教师是否就该对孩子的教育无所作为或随大流呢？那倒不是。其实，关于儿童成长，我们不乏一般的常识，也有一些科学研究成果及实践经验可资参考。

1. 近代教育从古代教育中脱颖而出之际，首先确立的基本观念是，使教育适应儿童感觉器官与内部能力发展的自然顺序，而成年人对儿童的行为应少加干涉。“大自然希望儿童在成人以前就要像儿童的样子。如果我们打乱了这个秩序，我们就会造成一些早熟的果实，它们长得既不丰满，也不甜美，而且很快就会腐烂；我们将造成一些年纪轻轻的博士和老态龙钟的儿童”，“儿童是有他特有的看法、想法和感情的；如果想用我们的看法、想法和感情去代替他们的看法、想法和感情，那简直是很愚蠢的事情”。① 这叫做“自然教育论”。当代心理学进一步证明：儿童身心的发展变化，受机体内部生物基因固有的程序所制约，儿童成长中各种机能的出现都有一个内部时间表，外部环境虽然对儿童的发展有一定影响，然而，它不足以改变机能成熟的步伐。某种机能自然成熟（例如可能识字或计算）时，若受到外力阻碍，这种能力的发展便会滞后；反之，某种机能尚未成熟时（仍以识字或计算为例），若通过教育或训练，促使其提前出现或加速发展，结果往往是事倍功半，甚至反而使这种能力的发展受阻。这叫做“自然成熟论”。

能力的培养如同酵母慢慢发酵一样，需经历一定的过程。由于各个人所处的条件不同，个人的各种能力都各有一定的成熟期，不过，其速度快慢与能力大小不是一码事。“当一种能力确实得到培养时，才能向下阶段前进。如果忽视这一点，那就被那些虽然进度慢但扎实而稳步前进的超越过去”；② 不仅如此，揠苗助长，欲速非但不达，

①卢梭．爱弥儿［M］．李平沤，译．北京：人民教育出版社，1985：84.

②铃木镇一．早期教育与能力培养［M］．刘孟州，张锁柱，译．石家庄：河北人民出版社，1997：13.

反而有害。这是由于在人为地促成某种能力提早或加速发展时，延误了其他机能的正常发育。孟子称："五谷者，种之美者也；苟为不熟，不如荑稗。"（《孟子·告子章句上》）稗，稻田杂草。荑，像稗子一样的草。这说明即使是良种，若早熟，反而连杂草都不如。

因此，除非确实把握了某个儿童身心发育的"内部时间表"，否则，把儿童发展嵌入成年人预想的模式中，则是一种鲁莽的举动。

2. 尽管迄今对儿童身心发展的内在规律尚难精确地加以表述，但在这方面已有共识，如，儿童自然成熟有一定顺序，儿童智力或动作发展，从模糊到精确，儿童发展的连续性，同一个体在不同时期发展速率不均衡，不同个体在同一时期内发展速率也不尽相同，生理发育与心理发展相关，不同生理机能之间、不同心理机能之间也互有关联，故不顾儿童自然成长、自然成熟的规律，人为地刺激某种生理或心理机能早熟，将造成儿童身心发展失去协调，加剧成长中的烦恼。

尽管我们对某个儿童身心发展的具体状态难以尽知，但其表露出来的成长中的烦恼，不啻是儿童不适应环境或自身发展失去均衡的信号。成年人不聆听这种信号，不仅会加深代沟，还将以自己的心肝宝贝为代价，受到自然的惩罚。

3. 尽管自然教育论、自然成熟论之类的调子未免有些消极，而健全的基础教育足以补充自然生长、自然成熟的不足。

所谓"基础教育"，指的是为未成年人在其成年以后的发展奠定基础的教育，亦是其中的佼佼者后来成才必备的基础，它着眼于未成年人身心较为全面与协调的发展。同时，基础教育在性质上属于"普通教育"，它是一定社会所有成员（不管从事什么职业）共同必备的教育。故如因急于求成而贻误基础教育，无论对于未成年人的健全发展还是尔后成才，都将带来不可挽回的损失。

美籍教育博士黄全愈曾说，中国中学生屡获国际奥林匹克科学与工程竞赛奖，而中国本土迄今尚未造就出获得诺贝尔奖的人才；相比之下，美国尽管中学生很少获得奥林匹克科学与工程奖，但美国却是获得诺贝尔奖人数最多的国家，这说明中国学生起点领先反而输在竞赛的终点。这一论证并不周延。因为已经获得诺贝尔奖的几位中国学者中，有些（不知是否全部）正是在中国本土完成其基础教育的，至于中国大陆最近若干年间涌现的奥林匹克科学与工程竞赛奖获得者，以及与他们同样优秀的中学生，最终能否获得诺贝尔奖，还没有足够的时间加以检验。话虽如此，超越健全的基础教育的未成年人，最终是否一定有建树，尚难肯定，而基础知识、通用技能的缺陷，将成为个人的终身遗憾。

“早熟未必是福”，是措词谨慎的告诫。其实，“应当警告：不要进行过度的教育。要避免运用一切不必要的强制，这样的强制可能使儿童无所适从，可能抑制他们的情绪，毁灭他们的乐趣；同时这还可能毁灭他们今后对童年的美好回忆，乃至对教育者真诚的谢意”①，“多数人已经承认智慧上的早熟结果有害，可是还需要承认道德上的早熟结果也一样有害……用刺激去提前引起这两种较高能力的活动，都会使日后的性格吃亏”②，“过度教育的这些结果尽管已够惨重，或许更惨重的还是对健康的影响——伤害了体质，亏损了精力，变态了情感”③。这些都是直言不讳的忠告。

（原载《教育参考》2001 年第 4 期，原题《过度教育不是福》）

---

①赫尔巴特．普通教育学［M］//普通教育学·教育学讲授纲要．李其龙，译．北京：人民教育出版社，1989：34.

②③斯宾塞．教育论［G］//斯宾塞教育论著选．北京：人民教育出版社，1997：154，189.

# 3. 如此“家庭教育”界定

家庭教育可算是平常不过的事。因为多数人不仅从小受过这种教育，而且长大成人以后作为家长又不能不承担教育子女的责任。不过，这种家喻户晓的事一旦上了本本，也可能使人费解。例如，上海教育出版社出版的《教育大辞典》(简编本)，“家庭教育”词目释义为“家庭成员之间的相互影响与教育”。这就是说，家庭成员之间互为教育的主体与客体，老子可以教育儿子，儿子也可对老子进行“家庭教育”，甚至不排除对“老子的老子”施加教育影响。因为年纪再大，也还是“家庭成员”么！这种解释所蕴涵的思想，可算是先进“到家”了。依此界定，妻子对丈夫、媳妇对婆婆也都有理由进行“家庭教育”。只是诸如此类情况虽不少见，一般并不把它们堂而皇之地称为“家庭教育”；《教育大辞典》编者或许考虑到如今一般家庭还“先进”不到这种程度，故又称“通常指父母或其他年长者对儿女辈进行的教育”，总算还说得过去。

家庭对未成年人，尤其是早期儿童（0～6岁或0～8岁）的影响确实不可低估。值得研究的是家庭何以对儿童发生那么大的影响，家庭主要靠“教育”影响儿童么？对于“教育”究竟如何理解？

通常所谓“家庭教育”，其中的“教育”是一个泛化的概念，意思是家庭中年长的成员有目的地对儿童施加的影响，从而把家庭中的养护、管教和引导都作为家庭中的“教育”。不过，这种理解照如今流行的一种说法是“业余”的。自然，对于一般家长来说，只要切实关怀与引导孩子成长就够了，至于“家庭教育”研究，如果停留在

“业余水平”上，那还算得上什么“研究”？

家庭影响早期儿童成长的因素，主要是家庭环境、养护、管教与引导。这些因素既可能对儿童成长发生积极影响，也可能对他们发生消极影响。由于早期儿童身心发育都未成熟，自我意识尚未形成，缺乏理性判断能力，他们实际上还不充分具备接受真正意义的“教育”的条件。故“家庭教育”的要义在于，家庭中的成年人使家庭诸因素对儿童发生积极影响，避免这些因素对儿童发生消极影响。

# 4. 家庭环境对儿童成长的影响

儿童早期生活的家庭环境，对其人生既可能有积极影响，也可能有消极影响。家庭教育及尔后的公共教育，如果得当，虽可望促成儿童超越狭隘的“家庭观念”视野的形成，适当增强其对个人命运的自主控制能力，从而在一定程度上抵消家庭环境可能发生的消极影响。然而，不幸家庭的阴影却可能伴随人的一生，成为终生遗憾。

家庭环境，包括家庭成员结构是否健全，家庭所处社区环境及邻里关系，家庭主要人物的社会身份、地位，家庭成员的品性、文化修养，家庭成员之间的关系，尤其是孩子与父母之间的关系，以及由上述诸因素而形成的家庭氛围（家风）。这些因素都可能在儿童的潜意识中留下深刻的甚至终生难以消除的积极影响或消极影响。在上述诸因素中，具有决定意义的因素是父母对自己家庭的态度和在家庭中的行为。其他因素往往通过父母态度与行为的过滤或折射，间接影响孩子。譬如，贫寒家境中，父母“贫而无谄”，人穷志不穷，可能对儿童发生积极影响；反之，“富而骄纵”，必然对儿童发生消极影响。父母“安贫乐道”，或对命运抗争，对儿童的影响又不相同。

不过，这还是父母对子女的间接影响。父母对子女的直接影响发生在同子女的交往中。这种交往，包括非正式的交往（如与孩子一道游戏、玩笑，一道走亲访友、外出购物、旅游）和正式的交往，主要是养护与管教等。正是在这种交往中才体现家庭所特有的亲情，并可解决一个同孩子相处时最大的难题：成年人与未成年人之间的沟通，而亲情与沟通可算是孩子最迫切的精神需求。

# 5. 早期儿童的养护与行为管理

在儿童早期发育与成长的意义上，家庭内部儿童监护人与儿童交往的方式，主要是对儿童的养护与行为管理。由于家庭内部人际关系较为简单，故养护与行为管理只是就其性质所作的划分。因为有必要干预的行为往往同养护相关。

从儿童成长的角度看来，养护与行为管理都存在是否得当的问题。不适当的养护或行为管理都可能对儿童的正常发展产生负面影响。这是由于养护有“保育”与消极养护之别，儿童行为管理中亦存在是否按照儿童行为准则规范儿童行为问题。

## 一

儿童的身体在发育过程中，衣、食、住、行还无法自理，有待成年人精心养护。在这方面，一般父母大抵都不存在问题；成问题的是，父母容易忽视对儿童生活的照料，如果处理不当，可能对儿童的心理产生负面影响。例如，单就儿童身体健康来说，按照衣、食的需要，温饱足矣！父母希望孩子的营养丰富一些，穿得漂亮一些，也在情理之中。如果孩子主动提出超越温饱的要求，就得具体分析，区别对待。如属自然需求，可予满足，但不必都立即满足。如属“偏食”“好吃零食”，或受虚荣心驱使，与别的孩子攀比，轻易满足他们的奢求，甚至为了“讨好孩子”而加以迁就，便属于溺爱。溺爱之不当，不仅在于助长孩子不良心态，而且在于养成有求必应的惯例，尔后稍不遂意，反而容易引起子女对父母的埋怨。

早期儿童虽然对自己的生活不能自理，不过，随着月龄、年龄的增长，有可能在力所能及的限度内自理生活，并且儿童只要力所能及，就有自理生活的自然需求。他们既把它看成是游戏，实际上也是不自觉地验证自己的成长，并为自己“长大”和“能干”而自豪。家长不让儿童做他们能做的事，虽出于好心，却不啻剥夺了儿童自然生长的机会和乐趣。

二

一般讲，对儿童管教总比放任自流更有利于儿童的成长；不过，管教不当的害处并不比放任自流小。关键在于“管什么”与“怎样管”，其中的关键又在于对儿童的管教要有一定的章法。

儿童行为管理的基本准则是：(1) 儿童的行为只要不致造成对自身的伤害和不致妨碍别人的行动自由，成年人对儿童的行为应尽可能少加干涉，以便使儿童获得充分的行动自由；反之，儿童的行为若可能导致对自身的伤害，或妨碍别人，则应严格加以制止，决不宽容；(2) 随着儿童年龄的增大，特别是在儿童已经循规蹈矩以后，逐步减少对儿童行为的管理。这是近代以来形成的对儿童行为管理的起码的准则。在这两条准则中，前一准则是后一准则可能实施的前提。因为儿童在年龄很小时若没有学会正确运用自己的自由，待年龄增大时，将更难正确运用自由，结果必然导致管教一直进行下去。

这两条准则的运用，取决于家庭成员，特别是父母对孩子的态度。通常家庭中父母对子女的养护与管教有一定的分工。多数情况是父严母慈，客观上起到对子女情感和言行的调节作用。父母对子女态度的准则是：(1) 不管是父严母慈、母严父慈还是双严双慈，双方对孩子的态度以默契为要义。否则便可能抵消对子女管教的影响。(2) 对子女的“慈”或“严”，都该有一定限度。通常的见识是“慈”不流于溺爱，“严”不失亲情与善意。只是这种老调弹了几千年，一味机械重复，至今没有突破。这个问题的症结在于，历来家庭内对孩子的管教，缺乏自然形成的或共同约定的规则，故父母对子女的态度往往随兴之所至。即使偶尔定过什么规矩，实行与否也是随父母的情绪左右，导致儿童无所适从。一条认真执行的规则，可以代替无数的叮咛、唠叨。如按一定规则行事，既可节制“溺爱”“过严”之举，也可减少亲子之间的冲突，维护父母在子女心目中的权威。

“管教”本身也能对儿童的行为起到引导作用，即把儿童举止引上轨道，初步实现儿童个体社会化。不过，管教只具有消极意义（不同于负面影响）；除此以外，无论是上规矩的儿童还是不上规矩的儿童，身心都有待发展，形成独立的健全的个性，并不断社会化。这就需要对他们的身心发展，积极加以引导，其中包括与其成熟程度相应的训练与教育；困难在于，迄今为止对于早期儿童自然成熟的规律所知不多，故对早期儿童的训练与教育只能谨慎地实施。

综上所述，通常所谓“家庭教育”，就“教育”的本义而论，家庭中真正合乎儿童自然需要、符合儿童实际的“教育”成分，实际上是相当有限的。无论是家庭环境还是家庭对早期儿童养护、管教、训练与教育，只有按照其性质加以研究，才可能得出要领。

# 6.“易子而教”的新尝试

《江西教育科研》2003 年第 3 期，刊载一篇署名文章，题为《“易子教育”质疑》。从中获悉，2002 年暑期，哈尔滨市流行“易子教育”。据称其做法是：朋友之间“换”孩子，即让孩子换一个环境，接受另一种教育，使其改掉在自己家里改不掉的坏毛病。这虽是局部地区的一种尝试，而它涉及的家庭环境与教育的局限性，却是一个带有普遍意义的问题，故值得一议。

据孟子称，“古者易子而教之”。事实是否如此，且不管它。看来孟子倒是赞成这种做法的。他还说出一番道理。不过，孟子以还，古代鲜有这种先例，或同后来官学、私学日益增多相关，而在如今这种学校教育发达的时代，出现“易子而教”的尝试，确是新鲜事。至于它是否值得怀疑，且从孟子的见解谈起。

孟子的弟子公孙丑问他的老师：“君子不亲自教自己的儿子，是何缘故！”孟子说：“从情势看来，这行不通。因为教育者势必要本着正理正道教育儿子，如果父亲按照正理正道教育儿子而得不到应有的成效，父亲势必要发脾气，这就难免失态，反而会被儿子瞧不起。”①他会说：“你老人家平时总是教我正正经经，你这种态度算是正经么?”这就导致父子之间互相轻视。父子之间若互相瞧不起，势必伤了父子感情。所以自古以来，君子往往把自己的儿子交给别人去教，

---

①原文是“继之以怒，则反夷矣”。其中“夷”，朱熹解为“伤”，不知何据。在此语境中，似有鄙夷之意。《老子》称：“视之不见名曰夷。”引申为鄙夷。

而自己教别人的儿子，以避免父子之间求全责备。① 因为求全责备，容易产生隔阂。父子之间存在隔阂，那是很不好的迹象。(《孟子·离娄章句上》)

孟子的这番话，就在现代也还比较合情合理。一般讲，家长对自己的子女总是抱着殷切的期望，而未成年的孩子尚处在逐渐成熟过程中，受其身心发育状况限制，很难满足有些家长那么高的期望。这样，家长过高的期望也就容易变成失望。一旦失望，爱之深，恨之切，难免"继之以怒"，从而引起亲子冲突，产生亲子隔阂，"离则不祥莫大焉"。反之，如果不是讲求子女教育的严父严母，而是溺爱孩子的慈父、慈母，固然可以减少亲子之间的冲突与隔阂，然而，"养不教，父之过"，家长也难辞其咎。

孟子所处时代，私学即使有，也还处在萌芽状态，为数不致很多。当时的有识之士，意识到家庭环境与教育的局限性，遂有"易子而教"之议，或按照这种想法作些尝试。后来，随着官学、私学的增加，"易子而教"即使有，也属间或出现的现象。近代学校的兴起，尤其是学校教育的普及，则出于更加深远的考虑。这是由于家庭教育，即使有效，也难免为家庭利益所左右，而儿童是否受教育、受怎样的教育，不仅同家庭利益相关，更同社会利益、国家前途息息相关，遂有义务教育的实施。义务教育既是国家对未成年人一定年限的教育承担的义务，同时又是从法律上对亲权的限制。问题在于，迄今为止，家庭依然是私生活的据点和社会消费的基本单位，家长仍然是

①原文为"父子之间不责善"。其中"责善"，朱熹解为"朋友之道"，不知何据。且"责善即朋友之道"，或"责善属朋友之道"，含义不明。《辞海·语词分册》(1977年第1版)解为"督策他人为善"。如是，能说父亲不可以督策其子为善么？据此语境，"责善"或为"责备"之意。"责备"，依其原意为"要求人尽善尽美，全无缺点"，即今人所谓"求全责备"。"是故君子不责备于一人。"(《淮南子·氾论训》)

未成年子女的监护人，家庭环境与教育仍然对儿童早期成长有深刻的影响。这样，孟子提到的亲子关系中可能存在的问题也就依然存在。在现代社会条件下，怎样合理解决家庭教育和对子女管理中的问题呢？

家庭教育的局限性，从根本上说，是由于家庭毕竟是社会组织的细胞，而不同于成熟的社会组织、社会肌体。现代社会组织，一般按照法定的或由组织内部成员约定的行为规范，调节社会成员之间的关系，制约社会成员的行为。这种规范管理与传统的家长制管理不同，它是以行为规范为中介的客观管理，原则上不以管理者与被管理者个人意志、主观愿望为转移。这意味着把传统的管理者与被管理者之间的人身依附关系变成独立的个人之间的平等关系。这样，只要严格地按规范办事，就不致造成、或可大大减少人与人之间的情感冲突。尽管在现代社会中，家庭依然是社会组织的细胞，随着社会的进步，家庭关系也在变化中。其演变的趋势正在于逐渐摆脱家长制的影响，家庭成员之间，社会意义上的平等关系逐渐形成。只是由于传统的家长制影响尚存和对平等权利的误解与滥用，如今对子女行为管理中的无序状态，在有些情况下，甚至比家长制时代更加突出。在这种状态下，个别地区出现的“易子而教”，实际上是出于无奈的选择。其实，只要双亲自律并在家庭中对子女实施“规范管理”，就可望规范孩子的行为，减少亲子之间的冲突，也就无需“易子而教”。家庭内规范管理是否可行，取决于其规范是否通过亲子双方约定，并且从儿童可以轻易遵守的规矩立起，以后规矩也不宜多。

问题在于，家庭毕竟只是私生活的据点，不容易像一般社会组织那样一本正经。亲子之间由血缘关系维系，容易受感情支配，故家规比较脆弱，易受冲击而难以坚持。尽管现代家长的文化程度逐渐提高，比以往的家长更富有理性，问题在于，富于理性的家长亦有可能反而同子女的代沟更深。这是由于家长的理性基于成年人的经验，他们对未成年人的需要、愿望和处境未必有深切体会。有些家长甚至对孩子“成长中的烦恼”不屑一顾。当他们过于关心孩子的前途而忘记孩子成长中的烦恼时，更容易滋生“教育孩子的烦恼”，经常产生“严厉也不对、溺爱也不对”的困惑，而理论界一味简单地重复“严厉也不对、溺爱也不对”的酸道理，又不足以消除家长的困惑。

在这方面，中国的情况又较为特殊。我国自古以来就特别讲求尽善尽美，而缺乏平常心。所谓“平常心”，如今最常挂在嘴边，只是未见定义。恐怕它属于较为合乎人道又顾及可行性的自然心理。缺乏平常心，便容易求全责备。孟子所谓“古者……父子之间不责善”，恐怕实际情况与此正好相反。亲子之间如果有点平常心，家长能够体察孩子“成长中的烦恼”，孩子能够体察父母的苦心，双方才可能减少一些烦恼和困惑。话虽如此，在“平常心”与狭隘的功利动机之间寻求某个平衡之点，可也不容易。

明乎此，对于个别地区家长“易子而教”的动机，也就无须猜测了。

（原载《江西教育科研》2003 年第 8 期）

# 7. “学前教育”问题领域

“学前教育”，顾名思义，指的是儿童入学前的教育，或称为“学龄前儿童的教育”。由于不同国家儿童入学年龄并不一致，并且开始入早期儿童养护与教育机构的年龄也有差别，而同一国家在不同时期的有关规定也可能有变化，遂使“学前教育”概念的内涵与外延有别。其中至少涉及三个问题。

1. 儿童何时开始入学为宜。这既是发展心理学研究的课题，又同各国的“初等教育”观念相关。所以，单就“学前儿童”年龄的下限而论，“学前教育”概念的外延就不一致，并且难以科学地论定。

2. 儿童从几岁起入早期儿童机构为宜。有的国家从年满1周岁开始，有的国家从2岁或3岁开始。这甚至涉及关于究竟家庭更适合早期儿童健康发展还是早期儿童机构更适合儿童健康发展的争议。

3. 儿童从几岁起入以教育为主的儿童机构为宜。就“教育”一词的本义来说，儿童到底从何时开始可能接受真正意义的“教育”，是一个难以确切回答的问题。即使不拘泥于“教育”一词的严格意义，单就各国早期儿童机构来说，就有“托儿机构”与“教育机构”之分。前者属于收容与照管儿童的机构，如中国、俄国的“托儿所”，英国的“托儿学校”，以养护（保育）为主，兼顾教育；后者如德国、俄国、中国的“幼儿园”，意大利的“儿童之家”，法国的“母育学校”，英国、美国的“幼儿学校”等，属于以教育为主，兼顾养护（保育）的机构。可见即使是幼儿园，也不是单纯的“教育机构”。

综上所述，“学前教育”概念本身就包含这个问题领域中可能发生的各种不同的价值选择。自然，各种价值选择的可靠性，从根本上说来，取决于对早期儿童的研究，主要是发展心理学研究。困难在于，迄今为止对于早期儿童从一个无独立生存能力的自然人到初步具有受教育能力、学习能力与独立活动能力的社会人的自然演变程序知之甚少。

# 8. “学前教育”缘起

什么是比较适合早期儿童健康发育的环境条件？是家庭（包括家庭内由家长养护、教育与家庭教师的指导）还是公共的儿童机构（包括公立与私立儿童机构）？

撇开古代情况不谈，自近代以来，在很长时期内，普遍的观念是：家庭是最适宜儿童发育的环境，而母亲是儿童“最初的老师”，有可能时聘请家庭教师辅导；至于公共儿童机构，如最初的孤儿院、托儿所、幼儿园，大抵是收容与照管穷孩子、流浪儿的机构。

1. 家庭内教育取向

早在17世纪，夸美纽斯就提出1~24岁教育的构想，其中包括四个阶段，每个阶段6年。其第一阶段（1~6岁）称为“母育学校”。他所谓“母育学校”，其实就是家庭教育。他还著有《母育学校》一书（1633年），其中就论述了6岁以前儿童在家庭中养护与教育比在学校中教育更为有利。尔后，洛克甚至断定“学校教育虽有优点，私家教育虽有缺点，但两者相比，后者更为可取”，“因为孩子留在家里，和亲人比较接近，比较容易习得一些品性，做个有用和能干的人”①。这就包括对6岁以前入学的否定。自然，他强调在家庭内请家庭教师指导孩子。

事实上，这不只是著名教育家的见解，而几乎是欧洲“有教养的

①洛克．教育漫话［M］．傅任敢，译．北京：教育科学出版社，1999：45.

等级”的共识，并已形成培养孩子的习俗。近代小学起源于欧洲中世纪末期的基尔特学校。它以手工业者或商人子弟为对象。其中除宗教教育外，只有读、写、算。即使到近代小学教育普及之际，小学课程仍比较粗浅。在“有教养的等级”看来，真正的教育是从中学开始的。

值得一提的是，为近代教育奠定理论基础的许多著名的学者与教育家，如洛克、卢梭、康德、巴泽多、费希特、施莱尔马赫、黑格尔、赫尔巴特、福禄培尔、第斯多惠，都有过做家庭教师的经历。其中洛克的《教育漫话》原是给家长建议的汇编；卢梭的《爱弥儿》，“它开始是为了使一位善于思考的贤良的母亲（指德·舍农索夫人）看了高兴而写的”①；费希特则以日记形式写了《错误教育目睹记》，供他所指导的孩子的家长参考；福禄培尔更带领他所指导的 3 个孩子，到瑞士伊弗东同裴斯泰洛齐朝夕相处，长达两年之久。

2. 早期儿童机构的兴起

如果说近代学前教育理论最初以“有教养的等级”的家庭教育和家庭教师指导的经验为基础，那么公共的儿童机构则产生于收容与照管穷孩子、孤儿和家庭无力照管的孩子的需要。这是由于在产业革命和城市化过程中形成大批无产者、失业群及流浪儿童，而最初的儿童“教育机构”往往倒是从收养与照管机构中脱颖而出的。如，奥贝尔林的“编织学校”（法国）、欧文的“纽兰纳克幼儿学校”（英国）、巴泽多的“德操学校”（德国）、福禄培尔的“幼儿园”（德国）、蒙台梭利的“儿童之家”（意大利），以及麦克米伦姊妹的“幼儿学校”（英国），大都以穷孩子和家庭无力照顾的孩子为对象。此外，还有一

①李平沤．卷首//卢梭．爱弥儿［M］．李平沤，译．北京：人民教育出版社，1985：28.

些著名教育家如裴斯泰洛齐、福禄培尔、乌申斯基曾经担任过孤儿院院长。学前教育先驱的这些建树，大都冲破“有教养的等级”的偏见，从困境中产生。像福禄培尔的“幼儿园”、蒙台梭利的“儿童之家”，还曾被权势者作为异端加以扼杀。福禄培尔的“幼儿园”，创于1837年，到1849年便遭到普鲁士教育当局明令禁止，此项禁令直到1860年才被解除，而福禄培尔已于1852年溘然长逝。蒙台梭利的“儿童之家”，也于1934年遭到被墨索里尼政府封闭的命运。1935年，德国政治警察解散蒙台梭利学会，1936年，意大利教育当局禁止一切同蒙台梭利理论相关的公共活动。

从儿童机构原先的性质本身，不难了解欧洲“有教养的等级”对公共的儿童养护与教育机构偏见的由来；不过，撇开这种偏见不谈，在关于早期儿童适宜的环境的探讨中，家庭内教育取向优势长期存在，仍是值得思考的问题。

# 9. 家庭与公共儿童机构在早期教育中的地位

在现代，到底如何看待家庭和公共学前儿童机构在早期儿童养护与教育中的地位？关于这个问题，学前教育专家众说纷纭，莫衷一是。值得注意的是，在 1934 ~ 1996 年间，历次国际公共教育大会先后通过了 80 项建议书。其中有关学前教育的专项决议共有两项，即题为《学前教育的组织》的第 17 号建议（1939 年）与第 53 号建议（1961 年）。这两项建议书或多或少反映了国际学前教育界关于“学前教育”的共识和先后对于“学前教育”认识的变化。

1939 年 7 月 17 日，由国际教育局在日内瓦召开国际公共教育大会第 8 届会议。通过题为《学前教育的组织》的第 17 号建议。其中第 1 条开宗明义，确立“保持家庭生活的完整性的价值”，“尽力延长在家庭中教育并通过家庭进行教育的意义”，表明家庭环境及家庭中的教育取向，毫不含糊；同时鉴于在现代生活中，尤其是在城市生活中，许多妇女离开家庭外出就业，无法尽到抚育子女的责任，才需要学前儿童机构承担养护与教育儿童的职责。可见，公共的学前儿童机构只作为家庭抚养与教育的补充。①

1961 年 7 月 3 日，由联合国教科文组织与国际教育局联合在日内瓦召开国际公共教育大会第 24 届会议，通过题为《学前教育的组织》的第

①赵中建. 学前教育的组织//全球教育发展的历史轨迹——国际教育大会 60 年建议书［M］. 北京：教育科学出版社，1999：59 - 61.

53号建议书。它同第17号建议书相比，第1条开宗明义，肯定“有必要从幼儿起，就给儿童提供一种有利于他精神、道德、智力和体力健全发展的教育”；在此前提下，重申幼儿的早期教育，既是父母的“首要任务”，也是他们“不可剥夺的权利”；在重申“家庭依然是儿童发展的最适宜的环境”的同时，提出一个新的判断，即即使在最好的家庭环境中，“当孩子长到4岁时，父母自身再也不能独立满足幼儿全部教育需求”。意味着儿童从4岁起，应当接受学前教育机构的教育。①

学前教育观念的这种变化，不仅由于时至20世纪60年代，对学前儿童教育的要求提高而发生父母难以胜任4岁以后儿童教育的问题；即使是儿童身心疾病的预防与治疗，学前教育机构也比家庭更能胜任；何况第53号建议还开始有学前教育机构“促使儿童从家庭向学校过渡”的考虑；加之随着妇女就业人数的增加，学前教育机构的补充作用更加重要。

学前教育观念变化的深层原因，在于从19世纪与20世纪之交开始，一般教育价值观念早就发生了重大变化。传统的教育理论，大抵以人性论为出发点，力图按照儿童生长的自然秩序，发展儿童的潜在能力，培养独立的健全的个性（人格）。尽管迄今为止对“儿童的潜在能力”“儿童生长的自然秩序”知之甚少，成人若对儿童生长少加不必要的干预和限制，而细心观察儿童的行为表现，根据儿童的实际情况，及时加以指导与矫正，或可减少儿童成长中的烦恼，并且比儿童教育机构的风险要小。由于正常的家庭既是自然形成的环境，家长对自己的子女又比较了解与关心，故学前教育界的有识之士一向认定家庭是早期儿童发展最适宜的环境。进入20世纪以后，随着“社会本位”思潮的兴起，不再把儿童当做“孤立的个人”考虑和培养。虽然承认儿童自然发展的必要，并逐步发现儿童身心发展变化受机体内部的生物基因固有

①赵中建．学前教育的组织//全球教育发展的历史轨迹——国际教育大会60年建议书［M］．北京：教育科学出版社，1999：250－258．

的程序制约，人体的各种机能的出现，仿佛有一定的“内部时间表”，但又论定每个人出生后，只有在社会环境中、在同别人交往中，才能从纯粹自然的个体成长为合乎社会文化要求的正常的人，即有别于动物的社会人。这是个体社会化的过程。所谓“个性”，并非是纯粹自然的心理特性，而是在个体社会化过程中形成的有别于别人的稳定的具有社会文化内涵的心理特性。依此看来，家庭虽是适合儿童最初生长的环境，但家庭只是社会的细胞，家庭内人际关系比较狭窄；至于早期儿童教育，不仅是发展儿童潜在能力问题，它实际上由未成年人的一种有序的社会化所构成。教育的主要成分，如知识、技能、态度、习惯、意向、价值观念，都非来源于儿童潜在的本性，而是从人类社会遗产中提炼出来的。所以，家庭不足以充分满足儿童个体社会化的要求。在儿童具有初步活动能力，并能通过语言与同伴交往和接受指导后，公共儿童抚养与教育机构更适合于促进儿童个体社会化。

“社会化”是一个多义词。其中接近学前教育的“社会化”含义的，如，英国1967年关于威尔士初等教育状况的报告（吉廷斯报告），把早期儿童情绪与社会性的发展，划分为四个阶段，其中第三阶段（从15个月到3岁）称为“社会化时期”。据英国学者怀特称：“这样一个时期，家庭里里外外有意义的关系形成了，但在这里，没有教育目的问题，至少没有我在这里所关心的正规教育目的问题。”①不妨理解为儿童在这个阶段才有可能在家庭以内或家庭以外与人交往，但在这个阶段不适合对儿童进行真正意义的教育。

（原载《学前教育研究》2002年第6期）

①怀特．社会化与教育［G］//瞿葆奎．教育学文集：教育与社会发展．北京：人民教育出版社，1989：39－40.

# 10.“过度教育”的警示

“学前教育”，是“学校教育”衍生出来的名目。自然，重要的问题不在于名称，而在于由此可能受“学校本位”观念影响，而忽视儿童身心自然成熟的过程，甚至引发“过早教育”“过度教育”“过早的入学准备”以及“幼儿园小学化”之类的倾向。

1. 如果把0~6岁儿童归入“学龄前儿童”，而事实上只有在这个年龄阶段的一定时期，儿童才可能接受教育。尽管我国把托儿所作为保育机构，幼儿园属于实施保育与教育的机构，而单单“学前教育”一词，就可能诱发过早教育的动机。至于如今个别地区尝试实施“托幼一体化”，把托儿所纳入教育系统，更可能促使教育提前。现在竟有人提出“托儿所课程”问题，证明这种担心，并非过虑。

2. “教育”一词的本义，无论在西方社会还是东方社会，都指的是人格影响，尤其是道德人格影响，并且这个词的历史含义至今仍普遍地存在于人的潜意识中，还作为习惯语运用。例如，常常提到“学校教育教学工作”，所用的“教育”一词，便是这种含义。现在通用的“教育”“教学”两个词，在中国古代汉语中统称“教”。不过，它们的读音不同。“教育”之“教”，为去声（今第四声，音“叫”）；“教学”之“教”，为平声（今第一声，音“交”）。前者是规范词，褒义；后者为中性词。在西方文字中，“教育”与“教学”也是含义有别的两个词。它们的区别显示出“教育”由于涉及教育者与受教育者双方的价值观念、意向，故较为复杂。此外，西方“教育”一词还有“引出”之义，即教育影响是从儿童原有意识中引发出来的。这在教育理论上归结为“内发论”。相比之下，中国古代把“教”解为“上所施，下所效也”（《说文解字》）。在中国古代，除了孟子之类思想家以外，一般相信说教（灌输）、机械背诵的功效，故倾向于“外铄论”。惟其如此，西方学者对于儿童从几岁开始接受教育颇费踌躇，而在中国，仿佛这不成为问题。中国甚至早就提出“胎教”问题，至今仍鲜有疑义。可以说，在中国，“教育”一词的滥用，自古已然，于今为烈。

3. 虽然幼儿园是实施保育和教育的机构，事实上现行保育以身体保健为主，而3~6岁儿童同样需要的，是心理机能的自然成熟、个性形成与心理保健。世界卫生组织把“健康”界定为“不但没有身体的缺陷和疾病，还要有完整的生理、心理状态和社会适应能力”。儿童心理是一个中性概念，同作为有意识地培养儿童的“教育”是有区别的两个不同层面。心理健康，指的是幼儿与同龄人相比，行为正常，有协调的个性、积极的情绪、良好的人际关系、恰当的自我意识等，至少没有心理障碍和心理反常表现。我国《幼儿园工作规程》（1989年、1996年，以下简称《规程》）确定幼儿园的任务为“实施体、智、德、美诸方面全面发展的教育，促进其身心和谐发展”。其目标中虽包含某种心理卫生保健的成分，而基本上属于体育、智育、德育、美育等“教育”的要求；《规程》中的“幼儿园的卫生保健”专章和由卫生部发布的《托儿所、幼儿园卫生保健制度》（1985年），大都属于生理卫生保健条款，鲜有心理卫生保健条款，这显示出对幼儿心理卫生保健的忽视。由于长期以来把儿童心理发展纳入“教育”范畴，既导致对儿童的某种正常或不正常的心理现象出现错误判断和对儿童心理卫生保健的忽视，又可能成为“过早教育”“过度教育”的诱因，而幼儿时期的心理缺陷是尔后学校教育无法补救的。如今倒有不少中学开设“心理卫生与咨询”课程或辅导活动，却又生造出“心育”一词，还把它归入

“德育”。说到底还是把“心理层面”与“教育层面”搅在一起。

4. 如果说我国幼儿园对于幼儿心理卫生与保健缺乏足够的重视，那么如今的幼儿园与不少家长却相当关注儿童的智商与儿童智力的早期开发。联合国教科文组织设立的国际教育发展委员会于1972年发表的《学会生存——教育世界的今天和明天》一书，在综合介绍当代早期儿童心理学研究成果时提到：在20世纪前半期，心理学和精神分析学都强调和谐情绪发展的重要性，当代教育家们几乎一致接受这个意见；另一方面，“近来关于智力发展和早期学习理论概念的研究却又走向了反面”。知识的现状是：（1）所有3岁以下儿童的发展商数（不要和智商相混）大致是相同的。（2）对一生下来的4岁儿童发生作用的影响和决定5岁到6岁儿童行为的影响是不相同的，虽然这并不是说后者是“新”的。这些影响可能在儿童很早时期就已经生了根，而且已经具有一种延宕的作用。（3）从生命第1年所发现的智商和以后1岁、3岁、6岁或12岁时所计算出来的智商相互之间很少有什么联系。近来研究结果表明，智商是随着情绪环境和教育工作者对儿童的影响而变化的。① 尽管如今在一些国家有0~8岁儿童智力开发的计划，至今仍属于在有限范围内的试验。早期儿童智力开发，虽不妨一试，但须防止它“走向反面”。早期儿童自然成熟过程中若忽视可能的智力开发，确可能错过发展的机会。不过这同未开垦的处女地一样，至少还保持“自然的肥力”，即生长的潜力；若过分开发，甚至是掠夺式的开发，就连继续生长的潜力都会丧失，并难以恢复。

5. “学前教育”意味着整个学前期、至少整个幼儿期的教育与保育，都作为儿童入学准备。虽然不妨把幼儿身心健康和某种教育纳入“入学准备”范围，只是这种提法也可能变成对“入学准备”的狭窄

---

①联合国教科文组织国际教育发展委员会. 学会生存——教育世界的今天和明天［M］. 华东师范大学比较教育研究所，译. 北京：教育科学出版社，1996，152-153.

理解，导致“幼儿园小学化”。相比之下，国际公共教育大会通过的第17号建议曾明确规定“读、写、算的系统介绍应留到小学阶段进行”，第53号建议虽敦促学前教育机构“促使儿童从家庭向学校过渡”，但又加了限制：“在学前阶段，重要的是，智力教育应以培养对当前环境的观察和口头表达为基础。尽管必须排除这种教育中的正规指导，但可能的话，从5岁起，只要儿童显示出充分的成熟和兴趣，可以把将在学校中学习的技能用图解形式或用组织具体情境的形式介绍给儿童。”① 可见并不认为儿童从入幼儿园起就着手入学准备。

6. 迄今为止，至少本人还未听说哪个国家把幼儿园教育列入义务教育。国际公共教育大会第53号建议，明确肯定幼儿早期教育是父母“不可剥夺的权利”，意味着对义务的幼儿教育的否定。尽管如此，随着学前教育事业的发展，客观上产生对学前教育机构实行一定程度的规范化管理的需要。不过，由此又可能使学前教育机构步学校后尘，趋于“制度化”。如果说“制度化教育”已经成为当代学校不可忽视的弊端，那么制度化的学前教育更不合乎时宜。所以，国际公共教育大会第53号建议中提出，对于幼儿，“应给露天活动留有足够的时间，且在自由活动和指导活动之间取得一种适当的平衡”；“学前教育阶段的教师应有广泛的自由来选择活动程序、活动计划和准备方案……”在人民共和国初期，幼儿园并无“教育”与“保育”之分，统称“教养”；后来不仅有“保育”“教育”之分，而且把学校“课程”“教学”概念引进幼儿园，还曾出版过幼儿园各科教学大纲，或许还把幼儿园制度化看成是进步的表征哩！

（原载《学前教育研究》2002年第6期）

①赵中建. 学前教育的组织//全球教育发展的历史轨迹——国际教育大会60年建议书［G］北京. 教育科学出版社，1999：251，254.

# 11. “还给孩子一个真实的世界”么

《教育参考》2001年第6期发表一篇题为《还给孩子一个真实的世界》的文章，真是一个好题目。的确，现行教育同孩子的“真实的世界”太隔膜了。惟其隔膜，它也就不免落空；然而，拜读了这篇大作，特别是看到其中津津乐道的几个教育例证，又不免发生疑问：作者到底要把什么“真实的世界”“还”给孩子？

这个话题是从一个8岁孩子读童话《卖火柴的小女孩》后发生的疑问引起的。这个孩子不理解卖火柴的小女孩为什么会死掉，她为什么不像别的童话中的小白兔战胜大灰狼那样反抗。这正表明这个小孩生活在他们自己“真实的世界”里。发自孩子自己“真实的世界”的这点简单不过的类比推理和幼稚的疑问，本不足为怪。假如真要如今8岁的小孩理解那个卖火柴的小女孩为什么会死，为什么不反抗，除非让他处于无援状态，饿几天，冻几天。自然，不会有人忍心去做这种尝试。其实，在他那个年龄无法理解的事，本无需让他理解；如把这个小孩的疑问作为话题，本该关注的是：如今从幼儿园、小学到中学，教育的问题在于无视孩子自己“真实的”现象世界与心灵世界，硬要他们关心他们本来所不关心的事，理解他们无法理解的事物与符号，做他们力不能及的事，由此便会合乎逻辑地得出结论：“还孩子一个真实的世界。”

然而，作者似乎别有深意。他的本意倒正好与此相反。依作者所见，那个8岁的小孩之所以发生那样的疑问，不是由于他没有卖火柴的小女孩那种生活体验，也不是由于他心灵世界的幼稚，而是由于

“我们总是不忍让孩子过早地了解这个复杂的世界”，尤其是不让他们接触世界的阴暗面。这样，问题就多了。如，小学生给教师送礼，中学生雇人殴打同学，等等。如何避免这种后果呢？作者援引《南方周末》（报）介绍的英国一个小学“嫉妒与蔑视周”的经验。据称：这所小学由于在一周里帮助学生学会了如何自如地表达嫉妒与蔑视的感情，结果，“孩子们在游戏时发生的‘暴力’事件大大减少了，学习效率也有所提高”。奇哉！读到这里，不免发出对这种经验相见恨晚之叹！早知有如此奇特的经验，就该在我国中小学来个“送礼和雇人打同学周”，岂但学生送礼和雇人打同学之事可以避免，还会提高学习效率哩！如果推而广之，再来它一个“国骂与开打周”，或许更有普遍意义。只是这种经验太奇特了，我们难以领会。不过，我们虽然不明别国那个小学“嫉妒与蔑视周”如何具体操作，倒可以依其理推测：中国不少并无“暴力”行为、学习效率也不算差的学生，大概同受到类似“嫉妒与蔑视周”的训练相关。

了解这个“先进经验”，尤其是作者随后援引的杭州市一所中学“班级社会化改革”的经验，终于明白了，原来本人误解了这篇大作的题意：作者原意并不是要把一个本来属于孩子自己的“真实的世界”“还”给孩子，而是要把一个不属于孩子的“真实的”成人世界，提前“送”给孩子。这种考虑自有深意在。因为让孩子提早接触一点社会的阴暗面，可以“增强他的免疫力”。

诚然，一个生活在“有菌”环境中的孩子，会比一个生活在“无菌”环境中的孩子，免疫力更强；问题是孩子的肌体毕竟柔弱，故在“有菌”环境中比在“无菌”环境中更容易致病。否则何须治理环境呢！话虽如此，增强孩子的免疫力，立意是好的，所以原不必对这篇大作说三道四。

真正值得注意的，不是这篇文章，而是有的学校那种把“真实的”成人世界塞给孩子的尝试，美其名曰“班级社会化改革”。据介绍，主持这种改革的教师，实行班级卫生包干区“拍卖”，班长竞选组阁，公共设施承包，自办“跳蚤市场”……更加令人感兴趣的是，如此“改革”，并不是出自《南方周末》报的猎奇故事，而是“中国”一个大报堂皇展示的新经验。这就更加不容忽视了。

据称，这种“社会化改革”的出发点是：“我们的教育太理想化了，学校与社会之间有很多脱节的地方，学校不是真空，社会存在的东西，应当让学生提前知道。”且不说这种观点是耶非耶，这种“改革”不免令人费解：如今社会上时兴“拍卖”“承包”“跳蚤市场”“组阁”，是不错的，惟让学生“提前”赶这种时髦，到底出于何意？如果是为了“增强学生的免疫力”，岂不是把“拍卖”“承包”之类响当当的新生事物当做“菌类”看待？若把这些东西当做学生应当提前品尝的鲜活的精神食粮，那么，与其让学生玩这类游戏，何不让他们“以社会为课堂”，到拍卖行、跳蚤市场实地考察一番，那样，送给学生的世界岂不更加真实？不过，如此“改革”以及如此推崇这种改革的文章与传媒，倒使我们开了一次眼界：原来如今有些人所理解的学校与社会的沟通，是把社会上发生的事，尤其是那些形成“热点”的事，在学校中预演一番。即使媚俗，也在所不惜。也许媚俗的教育更加合乎时宜。如此“教育”，委实不再“理想化”了，那是由于它把习俗以及尚未化民成俗的时髦“理想化”了。

（原载《教育参考》2001年第7期）

# 12. 学校对家长的关注

每个教师都懂得，学生的成长同其家庭教育、家庭影响关系甚大。其中，不良家庭环境对学生的影响更大。要改变学生在不良的家庭环境中扭曲的个性与不端的行为，得先设法改变不良的家庭环境。学校尽管对此无能为力，负责任的学校与教师又不能不为了“关心学生”而“关心家长”。

学校中的家长工作，一般是向家长反映学校教育要求和学生在校表现，并向家长了解学生在家中的表现。此外，或通过家长会、家长学校向家长传授一些实用的心理学、教育学知识，介绍一些适用的教育方法。这样做，对于一般学生的教育自能起一定作用，而对个性在不良家庭环境中被扭曲的学生，因其家庭继续不断地对他们发生影响，以致通常的教育工作与家长工作，对其难以见效。这个问题如何解决呢？上海市打虎山路第一小学魏凤萍老师帮助个别家长“寻回做家长的感觉”的教例，算是找到了一把打开个性扭曲学生心灵之锁的钥匙。

所谓帮助家长“寻回做家长的感觉”，指的是使某些不负责任的家长明确自己作为“家长”的责任，了解自己在子女成长中所处的角色和地位。魏老师在这方面创造的成功教例，堪称“出人意料之外，又在情理之中”。

瞧！一个“小淘气包”，骂学校门房老伯伯“老不死”。教师经过耐心诱导，要他向老伯伯道歉，他扭扭捏捏地应付了事。教师了解他的不礼貌行为是其父母影响所致，大胆地提出要他父母陪同他一道向老伯伯道歉的设想，并且真的说服了他的父母陪同儿子一道道歉，岂非出人意料之举！

这个结果又在情理之中。由于教师不是把行为不检点的家长当做行为不端的人看待，而把他们作为“家长”尊重，明白“在我面前的不是我的学生，而是学生的家长”，遂耐心说服，但毫不客气地指出他们的儿子的不礼貌行为是家长影响所致。其实，有些家长尽管自己行为不检点，却不免常为教不好自己子女烦恼，多少知道孩子的行为同自己的影响有关，所以魏老师如此设想才较为可行。这个学生的父母居然陪儿子一同道歉，首先大出这个学生意料，自然会对他产生强烈的触动。

实际上并非只有行为不检点的家长才丧失“做家长的感觉”；在一般家庭中，父母行为偶尔不检点，对子女失之溺爱，或失之粗暴，亦属常见现象。通常都道是“教育方法不对头”，其实，这两种情况，以教育观点看来，也属不检点的行为，是丧失“做家长的感觉”所致。故帮助家长“寻回做家长的感觉”，是一种带有普遍意义的见识。

尽管魏老师此番努力在情理之中，惟虽知此情此理，若不像魏老师那样尽心尽力，也是枉然。面对“养不教”，而由于“师不惰”，才导致魏老师此举的成功。

（原载《素质教育博览》（教师版）2001 年第 10 期，
原题《漫话帮助家长“寻回做家长的感觉”》）

# 13.“家长会”要义

每所小学或中学，每学期至少得召开一次家长会，这已经是多少年来形成的老规矩，以致一代又一代的成年人，因其子女在学校就学而获得“家长”资格，也就少不得一年几度尝尝“家长会”的滋味。过去说“母以子贵”，那是指儿子学成以后的结果，如今在子女成长过程中，家长就能从“家长会”上尝到子女带来的酸甜苦辣的滋味。这是古人难以得到的享受。

“家长会”，顾名思义，是家长参加的会议，为家长提供了发言的机会。这种看法虽也不错，毕竟有望文生义之嫌。尽管谁也不致禁止家长在这种会上发言，而学校召开这种会议的出发点，恐怕主要不是为了听听家长的“宝贵意见”，而是有话要对家长说，告诉家长：学校对学生有什么要求，你们的子女在学校中表现如何，使家长配合学校教育自己的孩子。自然，若某些学生有异常表现，学校也不免问问这些学生在家中近况如何。至于家长，出席这种会议，并非想要听听别的家长的意见，主要关注的还是学校老师的意见。这样，学校与家长双方仿佛无形中约定，家长只“带着耳朵”去参加就行了，正像他们的子女主要“带着耳朵”到学校学习“听讲”“听话”一样。

鉴于家长大都不懂“教育学”“心理学”，最近若干年间，又有一种新创造，叫做“家长学校”。让家长或多或少付一些学费，到“家长学校”去学学“教育孩子”的道理。这很有必要。因为如今的“教学法”已经成为一门大学问，发明创造层出不穷，以致就连达到大学毕业程度的家长，也无法指导孩子的作业，若不进“家长学校”

去学习，怎能成为称职的家长？而“会”而不“议”的“家长会”，其实是不收学费的“家长学校”，这样的美事，家长何乐不为？

人的一生，从 3 岁进入幼儿园开始，直到大学毕业，用 19 ~ 20 年时间，拜领 5 张纸，在学历社会可算是幸运了。谁想到此后还不得不为了自己的子女，再去当十五六年“学生”，算得上“活到老，学到老”，幸运加幸运。只是“耳朵”未免累了些。

如此家长会，出于一种假设：教育孩子的事情，只有教师懂得，家长似懂非懂；学校所作所为，都对，家长不管愿意不愿意，都只能像他们的孩子那样，“听老师的话”，当教育子女的“配角”。这种假设不仅有一定道理，而且有法律依据。我国“教育法”第 49 条就明文规定：“未成年人的父母或者其他监护人应当配合学校及其他教育机构，对其未成年子女或者其他被监护人进行教育”，“学校、教师可以对学生家长提供家庭教育指导”。

惟这种假设同其他各种服务性行业的假设颇为异趣。其他服务性行业提供的服务，都不免要接受消费者的检验，或许由于那种消费者对交换得来的产品或劳务比较“识货”，惟有作为教育消费对象的学生和他们的家长，是这种消费的真正的外行，因此，不是学校的服务接受家长的检验，倒是家庭的教育要接受学校的检验。不管这种状况是否单纯出于对家长“无知”的考虑，事实上学校的服务主要接受教育行政部门以“督导”之类方式的检验，然而，再聪明的督导大员对学校教育的底细哪有家长明白？

说起来，这又是一个同我国现行教育管理体制相关的问题。我国如今这种“家长会”的观念与实践，其实是行之已久的“国家本位”“地方本位”教育行政管理体制的产物。按照这种集中管理体制，学校以课程为核心的各种教育活动，基本上是由政府规定的，政府是教育行政权力的主体，学校只是“执行机构”。固然，按照“群众路线”的传统，学校在执行教育行政部门规定的过程中，有必要听取学生与家长的意见，只是家长并不明白政府的安排，即使有意见，终究成不了改进学校工作的动力。我国“教育法”只规定家长应承担的义务，至于家长应有什么权利，未见明确规定，实属制度使然。而在别的教育管理体制中，尤其是在实行“学校本位”体制的国度，情况就不一样了。

以英国为例，这个国家一向以学校为课程行政的权力主体，即学校主要面向社会自主决定课程，更不要说一般教育工作了；相应地赋予家长以选择学校的自主权和参与学校管理的一定权力。按照英国1980年的教育法规，家长有权选择自己希望自己孩子入学的学校；有权根据入学助学金计划，申请把自己到上中学年龄的智力发达的孩子，送到好的私立学校读书，无力负担学费者，可得到学费补助；有权通过选举家长董事在学校管理上有更大的发言权。① “家长也是教育者，学校应当向他们解释自己的目标和政策，同他们紧密合作。现在很多学校已经这样做。学校不能把只有教师才适合做的工作推给家长，但是对于家长在家怎样才能做好学校希望做的事情，在日常工作上能帮助学校做些什么，学校的视野应当更放开一些。”②校董事会每年要向所有学生家长免费发一份有关自己履行职责情况的简单的年度报告，并召开家长会议，听取家长对年度报告及与学校生活有关问题的意见。③

值得注意的是，一向实行“国家本位”教育管理体制的法国，在1975年7月11日颁布的教育法案中，也赋予家长以参与学校管理的权力。这个法案确立了“学校共同体”概念。即“在每个班级里，教师、教育指导与教育咨询人员、医生、社会援助人员、家长代表与

①②③英国教育和科学部，威尔士事务部．把学校办得更好［G］//瞿葆奎．教育学文集：英国教育改革．北京：人民教育出版社，1993：558，559，567．

学生代表组成一个真正的‘教育小组一’”；“在学校一级，学校领导以及教师、家长协会、学生（从四年级开始）和地方领导的代表，共同行使赋予高级中学和初级中学在教学与行政方面的自主权”。据称，几年来，家长协会或联合会以及学生代表参与学校管理已成为一种广泛的试验。①

固然，大而言之，不同的教育管理体制，各有利弊，难以一概而论；小而言之，像我国这种“一言堂”式的“家长会”，“利”在何方，“利”有多大，不该好生想一想么？

（原载《教育发展研究》2000年第10期，原题《“家长会”辨析》）

①法国教育部.1975年7月11日法案及其执行文件［G］//瞿葆奎.教育学文集：法国教育改革.北京：人民教育出版社，1994：250.

# 14. 所谓“家长批判”

从《教育参考》2002 年第 4 期获悉，有一本大作已经出版，可惜现在还无缘拜读这本题为《中国家长批判》的大作。不过，从第 4 期杂志发表的《教育改革与家长批判》访谈录中，或可领略其真谛。

访谈中，对中国如今这种家庭教育、家庭环境、家长行为与教育观念的批判，以及对家长处境的理解，不可谓不合情合理。

最近若干年间，在同学校（尤其是民办学校和所谓“转制学校”）校长、教师接触中，常常听说家长对学校构成的阻力很大。言下之意，学校如今大搞所谓“应试教育”，大肆向学生施加压力，实属迫不得已。这意味着如今的家长已经成为“素质教育”的阻力。可见“家长批判”，实属势所必至。

话虽如此，如果家长看了这篇访谈录，不免要问：那么“我们现在到底怎样做家长呢”？说我们只要求孩子好好看书，认真做作业，好好考试，说我们“只强调知识”，要孩子“学好了再干”“太工于文字”，我们哪敢否认！只是如今衡量学生的标准虽很堂皇，却被简化而又硬化为升学考卷和分数。这种标准是家长定得出来的么？说我们希望孩子成为“全才”，我们的想法确实“有点荒唐”，只是如果我们的孩子按照自己的能力，加上主观努力，可以有把握拿到高一级学校的入场券，我们何必另外去寻求“畸形”的小道备用呢？说我们不允许孩子“异想天开”，使得孩子“秀”不起来，可是我们自己怎敢“异想天开”拿孩子去冒险呢？如果我们的孩子有幸“秀”到韩寒那样，结果又将如何呢？他们能靠卖文谋生么？总之，我们当中的大多数人“在跟着传统观念走”，说得很是；说我们“显得十分无力，仿佛别无选择，无法抗争”，更要谢谢了。“理解万岁”！只是我们如果不这样做，情况又将如何呢？——如此困惑的家长，该批！

由于多数家长没有受到过什么“教育专业训练”，即使曾经付点学费上过“家长学校”，一般也是应景而已。所以，至今还“不认为孩子有自己的世界”。好在每个孩子都是家长的亲骨肉，哪个家长不希望自己的孩子有幸福的童年？哪个家长不希望孩子“木秀于林”，为自己增光？至少可以独立谋生。哪有家长忍心看着自己的孩子日出而学，日落而归，每年每月每日背着沉重的书包，在家庭与学校之间艰难地走动，还要听无休无止的唠叨，做没完没了的作业，赶一个又一个考场，白天担惊受怕，夜里说不定还会被噩梦纠缠？即使让孩子“吃得苦中苦”，别说以后能不能成为“人上人”，如果有幸升学或就业；倒还罢了，只是就连这种希望也还比较渺茫，保险系数不大，这才陷入盲目性。——如此违心的家长，该批！

要说现在的家长成为“教育改革”的阻力，倒也或多或少符合实情。问题是，这一代家长，就城市工薪阶层的家长来说，据正式统计，他们迄今仍是中国个人所得税的主要纳税人。然而，他们的义务不止于此。他们还得支付越来越多的“杂费”和“杂费”之外的“杂费”。此外，还有大量家长，或因对子女施压不够，或因对子女期望值过高，又不得不拿更多的钞票为子女“买分”。花费那么多，在所不惜，惜也无用，无非是“买个放心”。然而，“放心得下”么？家长还得接受学校指派的义务，在家辅导与督促孩子做作业。如果孩子稍不争气，家长还免不了忍气吞声看教师的脸色。这岂不正是现在这一代家长特殊的命运么？这是“这一代家长的家长”所没有遭遇过的机遇与挑战。——如此倒霉的家长，该批！

访谈录虽然历数了家长许多过错，其中，除了行为不堪“身教”

的家长以外，倒是把家长的过错归咎于“传统教育观念的影响”。故看起来也还合情合理。不过，现在从小学生到大学生的家长，大致从30岁到50岁。当他们还是“学生”的时候，他们倒是“同传统观念决裂”的一代。你道他们“受传统教育观念的影响”，焉知不会有人指责他们这一代人“丢掉了中华民族的优良传统”？其实，他们真正的过错，倒不在于留恋猴年马月的“传统”，而在于他们迁就、不得不迁就现实的学校教育制度，尤其是现行招生考试制度与就业环境。——如此缺乏理性批判能力的家长，该批！

把现在的问题归咎于近百年来对传统教育观念批判不力，固然不错。只是若不从根本上变革滋生传统教育观念的那种土壤，即社会—文化基础与教育机制，也就免不了继续受传统教育观念的纠缠。当然这种变革正在积极进行中。惟在这种局面根本改变以前，个人能有多少选择的余地？

如果说，几千年、几百年、近半个世纪的传统影响不易控制，那么这种影响在现实社会、现行教育中的载体，难道也是全然不可控制的么？譬如，人道是招生考试是学校教育的“指挥棒”。有这个“棒”，倒也不错。问题在于，“指挥”总得有“一定之规”，好让人们有序地乖乖跟着它转。现在的问题是，考试的花样年年翻新，它变来变去，应试者和应试指导者应付不迭。应试也就不像老驴围着磨台转那么简单。自然，“上有政策，下有对策”。于是，应试伎俩越来越复杂，应试准备的网越张越大，无非是为了增加保险系数罢了。只是可怜的考生和他们的家长，煞是苦也。

除此以外，以往传媒的应试宣传，多少还有点羞羞答答，岂料近几年来，即起劲声讨“应试教育”以来，报纸，其中包括在教育界颇有影响的大报，策应“应试教育”的胆子反而更壮了。连篇累牍的“应试”文章、升学指导、“应试书籍”广告及招生广告，充斥版面。

其中少不了“名师”“名校”帮衬，增添了不少“信度”和热闹。此种景观，盛况委实空前。因为在没有一本正经地批判“应试教育”之前，人们何尝有幸躬逢如此之盛。不仅如此，照2002年的情况看来，这种“应试宣传”燥热还有提早的迹象，为的是使考生“提早抱佛脚”。虽然搅得考生和他们的家长人心惶惶，不过，这也难怪，既然“广大读者”有应试需求，媒体岂能置读者需求于不顾么？何况这种需求中包含着诱人的商机。媒体怎能错过这种宝贵的商机？尽管诸如此类情况并非不可控制，问题在于人们对它熟视无睹，充耳不闻。要说例外，哪会没有？“家长批判”便是！这种独树一帜的批判，妙在既使头脑糊涂的家长清醒一些，又可使头脑本来清醒的学校当局，在穷于应付之余，由于明了阻力何在，可使紧张的心情放松许多。

呜呼！如此困惑、如此违心、如此倒霉、如此缺乏理性批判能力的家长，活该挨批！

（原载《教育参考》2002年第6期）

# 附录　一个教师的人生联语

（1994－2010）

## 一

### 述怀联

甲戌十一月一日

淡泊非为明志，
宁静无干远谋。

## 二

### 述怀联

甲戌十一月十五日

入危邦下江湖身不由己，
远庙堂近市井自在观音。

## 三

### 感事联

乙亥六月六日

士为知己者死未必死得其所，
学由求知欲生何患生不逢时。

## 四

### 述怀联

乙亥九月一日

常授业为此生乐事，

勤攻读乃内在需求。

五

**感事联**

丙子十一月一日

根深树老新枝秀，

泉涌水清浊醪香。

六

**课读联**

己卯六月六日

冷板凳常坐常热，

旧经典越翻越新。

七

**感事联**

己卯七月廿七日

同流不合污斯可同道，

隔行如隔山未必在行。

八

**结束返聘联**

己卯九月一日

粗茶淡饭杂书刊

这些福归老哥享受，

传道授业解人惑

那种事任小子安排。

## 九

## 教育实话联

壬午二月一日

这平常人平常话实属平常之至，
那糊涂事糊涂账岂能糊涂了之。

## 十

## 感事联

壬午四月三日

孤芳自赏水中月，
敬业乐群陌上花。

## 十一

## 感事联

壬午四月三日

名角作秀难掩小家子气，
平民本色何亏落落大方。

## 十二

## 感事联

壬午六月六日

有心分辨学识真伪深浅
原是书生本分，
无暇搭理身价贵贱高低
方谓士林良风。

## 十三

## 述怀联

壬午十一月五日

与朋友交唯诚信为要，
尽师生谊忌功利以求。

## 十四

## 忆旧联

癸未七月廿七日

久居危邦无隐处，
苟逢乱世难脱身。

## 十五

## 此生联（五则）

癸未七月廿七日

其一

珠湖秀气工匠家风土生土长贫而无谄，
耿庙福音书生本色吾行吾素乐以忘忧。

其二

年满三十居是非之地而立未稳，
岁当不惑正多事之秋去从两难。

其三

行年五十粗知学识深浅犹问天命安在，
岁满半百备感世态炎凉方信人脉无由。

其四

世事沧桑耳历甲子知顺否，
人情冷暖目睹丁丑费参详。

其五

以身作则每将行为锁入绳墨，
从心所欲且任思想冲破樊笼。

## 十六
## 党龄半百联

乙酉十二月廿八日

曾在红旗下宣誓几经周折义无反顾，
安于铃声中授业迳行直遂情有独钟。

## 十七
## 学校实话联

戊子十二月十二日

课堂书声噪声炸雷声
声声入耳声声辨，
学校正事歪事窝囊事
事事在目事事评。

## 十八
## 教育随笔自律联

乙丑十月三日

本专业自觉自会疏离俗套，
去玄虚辞气可望稍近常情。

## 十九

### 教育叙事自律联

己丑十一月一日

用清新视角重理陈年旧事，
任不尽思绪漫越变幻时空。

## 二十

### 夕照联

庚寅元旦

去日良多多沐新风多生趣，
来时渐少少管闲事少烦人。

## 二十一

### 夕照联

庚寅七月廿七日

其一

自由人生离职始，
峥嵘岁月未觉迟。

其二

朝闻道夕死可矣
　　时时闻道时时乐，
常笔耕不亦快哉
　　岁岁笔耕岁岁闲。

其三

少小已努力，
老大趣无穷。

其四

迎朝霞送夕晖天天都是好光景，
挽春风拨秋水岁岁有幸透风流。

## 二十二
## 夕照联

庚寅十月一日

其一

悄悄走开莫教身影遮人迹，
快快醒来早看晨光又暖窗。

其二

及时离开跑道
　　好让伙伴跑得更快，
从容放下面具
　　方便自己看个分明。

其三

远别尘嚣任人发掘也算自在，
静观世态品味此生乐得逍遥。